大展好書　好書大展
品嘗好書　冠群可期

大展好書　好書大展

品嘗好書・冠群可期

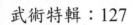

武術特輯：127

岳氏
八翻手
實｜用｜技｜法

附 DVD

張希貴 編著

大展出版社有限公司

▲郝學儒老師表演照

▲申子榮先師與弟子
張希貴、張育人（1979年）

▲1954年春節表演會後合影，中坐者為郝學儒，後排左一為作者

003

▲猴三抓　　　　　　　　　　▲搬葫蘆

▲捆豬手　　　　　　　　　　▲父女對練

▼《中華武術》期刊資深編審
昌滄先生為本書題詞

▼勾掛連環腿

▲倒栽蔥

▲霸王撐船

▼2006年作者在綿山帶領外國學員演練八翻手

▲作者在山東鄆城縣傳授八翻手

▲2006年作者在綿山指導英、法、德、義、荷蘭、瑞典等國學員練習八翻手

—武壇泰斗　武林楷模

張希貴先生是一位武術名家，從他六十多年習武時間以及理論研究水準以及對武術事業所作出的貢獻來看，都堪稱是一位武術大家。

希貴先生現在是國家武術九段，當代「中華武林百傑」。他曾任山西武術隊教練、總教練，山西省形意拳研究會 1981—1994 年會長，現任中國武術協會委員、山西省武術協會副主席、山西省形意拳協會榮譽主席。

早在 1951 年，希貴就跟山西省武術名家、書畫家郝學儒先生習武。郝老師是傳統訓練法，不下功就打罵，所以跟他學的人跑了不少，然而希貴不走，一直堅持到底。還真是嚴師出高徒，有志者事竟成，彈指一揮間，已越六十春。

希貴先生本人愛好很多，如書法、詩詞等，武術之外，寫寫字、作作詩。他從杜甫「轉益多師是汝師」的詩句中得到啟示，頓開茅塞，廣投名師，努力學習。20世紀五六十年代曾得到山西形意名師布學寬、宋鐵麟二位

大師的指點；1958 年，在省武術隊時又得到各派代表人物李三元、趙永昌、李桂昌、王鴻、楊吉生等名家的指點和薰陶；後與我國武術名家沙國政交往多年，也受益匪淺。郝學儒先生逝世後，他又拜著名武術大師申子榮先生為師。申子榮先生曾對我講：「我的東西全部傳給你師兄希貴了。」

希貴先生在武林中人緣極好，他身懷絕技且又擔任會長，而能禮賢下士，平易近人，對同行熱情相處，對前輩、老拳師尤為尊重，可謂朋友遍天下。

希貴先生也為武術界做了一些事情：

其一為 20 世紀 60 年代末，他提議把傳統拳列為全省武術比賽項目。這一提議得到了當時省形意拳協會的支援，這對傳統武術的傳承與發展起了很大的作用，一改以前瀕臨失傳的局面，如戴氏心意拳、信拳、綿拳、霸王拳……其中有些拳種還被列入世界非物質文化遺產名錄。這是有口皆碑、功德無量的事實。

其二則是著書立說。早在 20 世紀 80 年代，就和張萬里、張書田、張耀倫、張育人等合寫了《山西武術拳械錄》一書，對山西全省各門各派武術的起源、沿革、拳理、拳法、功法以及套路口訣等做了詳細的記錄和整理。這次整理希貴為業務主編。以後他又出版了《中國傳統武術——渾元散打拳》《迎手鞭杆技擊法》《四十八式形意拳》，參與創編並執筆《中國形意拳規定套路中級拳、高

級拳》，又主編了《山西武術名人名拳錄》《山西鞭杆技法精選》《大悲拳》《傅山拳法》等等。

其三是主持修訂了武術推手規則。太極拳的健身作用，大家都持肯定態度，而其實戰則有人質疑。大家覺得先盤架子，再透過傳統推手作為實戰的橋樑，定步、活步到自由演練（亂採花），再到實用，好像費時過長，到時還是只能「動緩則緩隨」，而做不到「動急則急應」，要不就是又丟又頂。希貴先生認為關鍵是舊的規則急需改革。2004 年比賽時，在他主持下制訂了新的武術推手規則，其中融入了太極及形意、武當、南拳等手法精華，在遵循太極拳原則的基礎上大大減少了運動員推手手法的限制，其中掤、捋、擠、按、挒、靠、挑、托、雲、領、裹、挎、搓、帶等手法和很多腿法及剪、切、端、挑等摔法都可用，又將推手的 6 公尺圈改為 4 公尺圈或方形場地，力圖減少頂抗纏抱之弊。這樣一來，原來練拳十年可成，現在則三年可成，大大提高了教學品質和進程，目前已為廣大武術愛好者所接受。這一項改革實為太極拳教學的一大貢獻。

八翻手是個極具技擊價值的特殊拳種，儘管源流派支眾多，但山西八翻手的祖師爺，是王新午先生（1890—1964）。80 多年前，王先生在太原山西國術促進會開始傳授八翻手，並將上八路由弟子劉玉民示範，郝學儒繪畫出書，書中提到，此拳尚有中八路、下八路，但沒有出版。

由於傳人較保守，所以流傳不廣。唯其弟子申子榮一直跟王先生學習到 1964 年先生逝世，因而學到了岳氏八翻手的全部。行家都知道，一個師父教徒弟，年輕和年老教法是不一樣的。申子榮跟師父年代最長，為研究八翻手、太極拳等技藝，一輩子單身，付出很多，成就極大。20 世紀 60 年代，他回山西，授徒甚多，唯八翻手只傳給了張希貴、張育人（石缶）、孫永昌等幾人。

張希貴得到申老真傳後，又經過多年的研習琢磨，並與師兄弟及八翻手師友切磋總結交流，使其更臻完善；並毫不保留地將申老所傳八翻手 24 路錄製成光碟，進行專業培訓。

欣聞希貴先生專著《岳氏八翻手實用技法》出版，乃將近半個世紀的長期合作中所瞭解的點點滴滴略敘於此，以示祝賀。不妥之處，乞望斧正。

是為序。

甲午仲春二月述于平遙白石畫院之康寧樓

張育人

　　岳氏八翻手拳法是一種風格獨特、內容豐富、技擊性強的傳統武術套路。此拳法由岳氏散手變化而來，為岳家散手之精華，傳為少林嫡系，清光緒年間由河北劉德寬（字敬遠，被譽為「大槍劉」）所創編，多年來，經過諸多老前輩潛心研習，逐漸轉變為一套動作簡單、易學好記、技法突出、健身效果顯著的優秀拳法。

　　岳氏八翻手在山西各地流行較廣，為著名武術大師王新午先生傳授。此拳法姿勢舒展大方，動作樸實無華、靈活多變，每一招式都有攻防含義。其練法強調內外兼修，身活步穩，手疾眼快，神聚勁順，快慢結合，剛柔相濟。它不但有增強人體力量、速度、靈敏、協調、柔韌等素質的功能，而且能起到防病抗衰、自衛禦敵的作用。

　　本書介紹了岳氏八翻手的源流、理論、功理、功法、基本內容和風格特點；並將岳氏八翻手過去秘不外傳的中、下八路內容也做了詳細的表述。

　　我們的目的是將岳氏八翻手的精華與練功心得無私地

奉獻給廣大武術愛好者，為其研究岳氏八翻手提供參考資料，為學練岳氏八翻手的朋友們提供系統的教材。

由於寫作水準有限，書中難免出現錯誤和不當之處，懇請廣大武術行家批評、指正。

目錄

第四章・中八路 動作圖解 *095*

第五章・下八路 動作圖解 135

岳氏八翻手 實｜用｜技｜法

第一章

概　論

第一節・源流與發展

一、源　流

相傳，宋代名將岳飛於麗泉山僧處得一拳法。此拳為少林派之嫡系，名曰「子母拳」，變化無窮。古譜曰：「子母連拳上下翻，穿撐裹橫有展掩」；又曰：「一打子母緊相連，二進八快手肘膝。」此拳法初僅九手，其中上盤三手，中盤四手，下盤二手。後每手各變化為二十手，分左右式，衍為三百六十手，皆為散手練法。

據說名將岳飛在抗擊金兵時，用此拳的動作來操練將士，故傳此拳為岳飛所創，又名「岳氏連拳」，後人名曰「岳家散手」。但是由於距今年代久遠，無據可考。

清同治、光緒年間，少林弟子四散，衣缽失傳。河北雄縣劉仕俊先生得其真傳，精岳氏散手，在北京護軍營傳授於劉德寬（字敬遠）、紀子修等人。劉德寬係河北滄州人，自幼習武，善於博採眾長，以練大槍出名，故人稱「大槍劉」。

清同治末年，劉德寬應內蒙古親王聘至京城，當時京城武林高手雲聚，武術昌盛。劉德寬先後向董海川學習八卦掌、楊露禪學習太極拳、劉仕俊習練岳氏散手。劉德寬是我國武術史上成就輝煌、貢獻突出的武術大家。

他不拘一格，勇於創新，以戰鬥方法增益了槍法；將「岳家散手」的精華編為八翻手拳法，即上八路、中八

路、下八路共三個套路。因上、中、下每個套路由八個動作組合而得名「八翻手」。

「八翻手」動作簡練、實用，一招一式都含有攻防含義，不僅可以左右互練，而且一路打完可以轉身再接打下一路，勁力不斷，連續變化，神妙莫測。

劉德寬創始，經紀子修、劉恩綬將「八翻手」傳於王新午（華傑）先生，並囑其傳於後世。王新午先生謹遵師父囑託，將此拳的動作精華與太極拳相結合，經反覆實戰操練，著《岳氏八翻手》上八路、《太極拳闡宗》、《太極拳精要》、《太極拳實踐》等書。

多年來經紀子修、許禹生、吳鑒泉、劉恩綬、王新午等諸多老前輩數十年的研習，更將此拳內涵豐富、結構嚴謹、簡練易學、樸實無華的特點發揮得淋漓盡致。

二、發　展

1. 主要流傳

八翻手主要分佈流傳於我國北方各省，以山西、河北、北京、內蒙古、陝西等地最為廣泛。由於地域及師承流傳不同，其練習內容也略有差異。

2. 山西傳承

大約 1930 年前後，民國年間，武術大家、山西汾陽人王新午先生，於太原成立了國術操練場與國術促進會。在他任會長期間，山西的武術非常興盛，國術促進會為了進一步推廣普及「八翻手」，先後組織過多次拳法訓練班

及骨幹教練培訓班，並以「八翻手」拳法作為教材，大範圍地推廣傳授。

後王新午先生編輯出版了《岳氏八翻手》一書，將此拳在山西境內的推廣推向了高潮，習練者眾多，更是湧現了一批又一批代表性人物，如：郝學儒、申子榮、薄應遜、梁春華、張安泰、李尚德、馬野居、李毓秀、王錦泉、張希貴等等。

三、形成體系

1. 師承

本體系師承：

岳飛（宋朝）

（以下有史料記載的）

↓

劉仕俊

↓

劉敬遠　紀子修

↓　　　　↓

劉恩綬

↓　　　　↓

王新午

↓

郝學儒　申子榮

↓

張希貴

岳氏八翻手實用技法

筆者初向郝學儒先生學習，後又學於申子榮先生等。此套路「上八路」由郝學儒老師親傳，中、下八路主要由申子榮老師傳授，與眾傳略有不同，據說是得王新午前輩晚期真傳。後筆者根據自己幾十年練功體會，融會貫通，有所發展，使其內容更加充實，技擊方法更為突出，演練方式更加連貫、靈活。

2. 特點

筆者所傳八翻手主要特點：

(1) 崇德尚武。武德，即尚武崇德的精神，它是武術界共同信仰的一種言行準則。習武者按它修養身心，規範舉止，品評善惡。遵循傳統：尊師重道，謹慎擇徒，重義輕利，勤學苦練。

(2) 通理合道。嚴守傳統八翻手拳法精粹，秉承傳統、重視理法、合乎道義、講武論藝、不流傳於形式，功理功法直指八翻手真意所在。

(3) 技法全面。較完整地保留了傳統八翻手從功法到套路以及技擊方法的技術內容。

第二節・主要內容

岳氏八翻手分上、中、下三路，每路各有八個組合，共 24 個組合，可以左右互練，也可以先練一邊、再練另

一邊。攻防並用。

內容包括：攻防並用法、擒拿靠打法、捆拿推擲法、截拿捆打法、擺肘壓打法、採手捋打法、勾掛推絆法、連環擊打法等。

凡捋、打、擒、拿、推、按、攔、截、肘、靠、滾、壓、捆、鎖、擠、擲、勾、絆、蹬、踹等應有盡有。

第三節·技擊特點

中華武術博大精深，各類拳種均有其獨特的技術特點。如太極拳長於柔化；形意拳長於勇速；八卦掌精於步法；戳腳、彈腿之腿，長拳之敏捷、縱躍等，都有其獨到之特點。

八翻手的特點：

1. 為專搏敵人之要害。

2. 多為毀傷敵人之四肢。用於制敵的方法著重用掌和拳，技法主要為捆和拿。出手必制敵人要害，不容其有絲毫反抗，而我有完全主宰性，有能制敵傷、殘、致命之法。

3. 八翻手亦剛亦柔，剛有應變性，柔有警惕性。上肢手捆、拿、採可制敵，下肢步勾、絆、掃、踢可使敵傷。每一路動作以捋手為先，尤其獨到。其他招法，隨勢千變萬化，靜心修煉此功法可臨敵隨心所欲。

第四節・鍛鍊特點

一、技法嚴謹

武術的踢、打、摔、拿稱為四種技擊法則，凡攻防動作組成的拳術套路，都離不開這四種法則（器械套路則是由擊、刺等技法組成）。這四種法則各有其具體內容與方法，如踢的法則，其具體內容有蹬、鏟、踹、彈、纏、掃、掛、撩、擺等等；打的法則，有衝、劈、挑、砸等等，這些內容都有規定的運使方法。例如踢法中的蹬、踹、鏟都屬於屈伸性腿法。

然而，蹬的方法規定腳尖朝上，腳心朝前，力點在腳跟部；踹的方法規定腳尖橫向，腳心朝前或下，力量在腳外側邊緣部。

這四種技擊法則具體內容的運使方法，要求非常嚴格，不得混淆。

二、運氣調息

八翻手非常重視運氣和調息的鍛鍊，講究「氣沉丹田」，講究呼吸與動作的協調配合；講究「氣自丹田吐」，呼吸要順乎自然。

八翻手拳法，動作迅速而剛健有力，運動時要符合動作要領，如招勢起落，步法進退，須鬆胸實腹，呼吸自然，勁力充實，勢法沉著、穩固。

三、剛柔相濟

剛、柔是對立統一的兩個方面，「剛能濟柔之偏而不致於弱，柔能泄剛之偏而不失於強」「用剛相濟柔力，用柔相濟剛力」「柔中寓剛，剛中寓柔」，主張不要太柔，也不要太剛，剛柔宜取「中和」。八翻手拳法也秉承理法「剛柔相推，便在其中矣」。

八翻手拳法套路簡短，結構精煉，樸實無華，進退迅速敏捷，手法變化剛柔互運無端可尋，隨曲就伸剛柔相濟，氣勢沉著穩固，並非花招贅勢，徒悅人耳目者可比。

四、氣勢連貫

八翻手拳法講究動作必須始終勢勢連綿相屬，氣脈不斷，虛實分明。

不僅太極拳法如此，對八翻手來說，所謂「連」並不是要求把整套拳路的動作勢勢沒有間歇，一氣完成，而是強調在一招一式之間，做到「形斷意不斷」「勢斷氣連」，善於運用內在的心志活動，透過眼神、氣、意、勁把前後動作連接起來，使之整勁貫穿，勢勢相連。

五、內外合一

所謂內，指的是內在的心志活動；所謂外，指的是手、眼、身法、步等外在的形體活動。外在的形體活動，必須與內在的心志活動緊密協調結合，才能達到練習八翻手的高度。

八翻手拳法的行拳走勢素有「外不順，內不合」的戒教，要求「外順內合」。八翻手的外順，是指「進退和順」「用力順達」。如上肢的捋手、撲面、貫拳等動作要求「梢節起，中節隨，根節追」，三節催勁，力才能順達。下肢的彈踢、蹬絆，「起於根，順於中，達於梢」，三節貫通，才能力達腳尖，勁順而不僵。

八翻手拳法練習是人體的整體運動，除了上下肢，還須與軀幹協同配合運動，因此，理論中有「以首領身，以腰催胯，以胯催膝，以膝催足，以肩催肘，以肘催手，以手催指」的整體要求，即「身順首，腳順膝，膝順胯，胯順腰，指順手，手順肘，肘順肩」的「七順」之說。內合，指的是在外部形體運動順而不僵的情況下，人體內部機能才會充分發揮作用。

八翻手調節氣息的方法就是根據外部動作的起、立、擊、伏，採取提、托、聚、沉的呼吸之法的。這裡的「內合」含義就是「心與意合」「意與氣合」；例如「虛步偏身捶」需要爆發打擊的勁力而聚氣上下合擊時，則要做到「氣與力合」；綜括為「內三合」。

八翻手內外兼修。武術理論中很早就有「內志正」「外體直」的習練要求。「內實精神，外似安逸……」某種程度上也是兼修內外。

「內練一口氣，外練筋骨皮」「外練手眼身法步，內練精神氣力功」「練形以合外，練氣以實內」。八翻手練法強調內外兼修，身活步穩，手疾眼快。

第五節・功能作用

一、強身健體

八翻手的姿勢舒展大方，動作樸實無華、靈活多變。其練習方法強調內外兼修，身靈步穩，手疾眼快，神聚勁順，快慢結合，剛柔相濟。其動作包含著屈伸、回轉、進退、連環、對稱等，人體各部位幾乎都要參與運動，對人體速度、力量、靈敏，耐力、柔韌等身體素質都能得到良好的鍛鍊。練習時人體各部位「一動無有不動」，使人的身心都得到全面鍛鍊。

從事八翻手練習對外能利關節，強筋骨，壯體魄；對內能理臟腑，通經脈，調精神。八翻手講究調息行氣和意念活動，對調節內環境的平衡，調養氣血，改善人體機能，防病抗衰、健體強身十分有益。

實踐證明，不論青壯老弱，婦女兒童均可進行八翻手鍛鍊。但在鍛鍊時則須因人而異分別對待，青壯年體質健壯，精力充沛，在掌握了動作要領後，可以按要求進行練習，發放明勁，力點稍剛；而年老體弱與兒童婦女和有慢性病者，動作則要緩和，進度要慢，動作要柔，不打剛勁，鍛鍊時間因人而異可稍短些。

二、自衛防身

八翻手是一風格獨特、內容豐富、技擊性強的傳統武

術套路。八翻手講究技擊運用，專為博擊敵人之要害、毀傷敵人之四肢。上制敵手，下制敵步。其主要招法是捆與拿。

其剛而有應變性，柔而有爆發性，變化多端，隨心所欲。各路之中，無一式不有招，且無一式不講勁，剛柔進退，變化神奇。至於各路動作所包含應用之法，無不應有盡有，包羅萬象。

因此，透過對八翻手功理功法進行練習，不僅能達到增強人體的力量、速度和靈敏、協調、柔韌性，增強了體質，而且還可以學會攻防格鬥技能，提高攻防技術實效，用以防身自衛。

三、修身養性

中華武術在其發展過程中一向重視禮儀，講武德。「未曾學藝先學禮，未曾習武先修德」「一日為師，終身為父」「缺德者不可與之學，喪理者不可教之」「尚武崇德」等，把武德列為習武與教武的先決條件，一向是中國武術界的優良傳統。

練習八翻手，將習武與做人的道德規範結合起來，有利於人類的進步和社會的發展。特別是當下，隨著生活水準的不斷提高，人們越來越注重鍛鍊，注重傳統文化。透過八翻手的練習，磨鍊「冬練三九，夏練三伏」、常年有恆、堅持不懈的品質。經過長期鍛鍊，可以培養習武者的勇敢、頑強、堅忍不拔的意志品質，更好地陶冶人的情操，達到修身養性的目的。

四、娛樂身心

八翻手拳法原為軍旅武術，但演練形式亦可剛可柔，可快可慢；可以集體口令演練，動作整齊劃一；既能自娛，又能娛他。以其形神兼備表現功力的套路技法演練，集體演練時能給人震撼美的享受，進而可以豐富人們的文化娛樂生活，給人以啟迪教育和樂趣。

五、文化交流

八翻手蘊涵豐富，技理相通，入門之後會有「藝無止境」之感。群眾性的八翻手活動，成為人們切磋技藝，交流思想，增進友誼的良好手段。隨著武術在世界廣泛傳播，八翻手練習者、愛好者的交流活動亦越來越多。

許多國外研習者透過練習八翻手瞭解中國文化，探求東方文明。透過體育競技、文化交流等途徑，八翻手在與世界各國人民友好交往中發揮著越來越大的作用。

六、適應廣泛

隨著人們生活水準的不斷提高，研習八翻手的愛好者愈來愈多，不同性別、年齡、體質的武術愛好者，可以按照不同的運動風格、運動量大小、因人而異適當安排來研習八翻手。

同時，八翻手演練可以不受時間、季節、場地、器材的限制，俗稱「拳打臥牛之地」，更易於普及和推廣，較之不少其他體育項目，八翻手具有更為廣泛的適應性。

第二章

基本動作
及用法

第一節・基本動作及應用

一、手 型

1. 拳

四指併攏蜷握，拇指緊扣食指和中指的第二指節上
（圖 2–1）。

要點

拳握緊，拳面要平，直腕。

▲ 圖 2–1

▲ 圖 2–2

▲ 圖 2–3

▲ 圖 2–4

2. 掌

(1) 四指併攏伸直，拇指彎曲緊扣於虎口處（圖2–2）。

(2) 五指自然分開，形如烤火狀（圖2–3）。

3. 勾

五指第一指節捏攏在一起，屈腕（圖2–4）。

二、手 法

拳諺講：「行家一伸手，便知有沒有」「手不封閉難近身」「拳不離口，肘不離肋」「不劃圓不成拳，敵手來了無法攔」「上下一條線，兩手圍著縱軸轉」，說的是手法在武術中的重要作用。八翻手手法包括：拳、掌、勾、指、肘的各種用法。

(一)拳 法（拳在運動中的方法）

1. 衝拳（掙捶）

分平拳與立拳兩種。平拳拳心向下；立拳拳眼向上（圖2–5、圖2–6）。

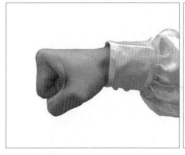

▲ 圖 2–5

▲ 圖 2–6

要點

出拳要快速有力，要有寸勁（即擊點要有爆發力）。

2. 螺形拳（亦稱坡形拳）

四指自然蜷曲，拇指扣壓在中指的第二指關節上，拳面依次錯落斜傾，拳與臂要平直，著力點在食、中二指關節處（圖2-7）。

3. 砸拳

臂外旋屈臂下砸，拳心向上，力達拳背（圖2-8）。

 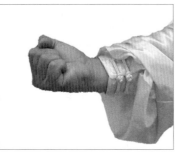

▲ 圖2-7　　　　　　　　　　▲ 圖2-8

4. 貫拳

拳從側下方向前上方弧形橫擊，臂微屈，力達拳面（圖2-9）。

(二) 掌　法（掌在運動中的方法）

1. 撲面掌

五指併攏，掌心向外，橫掌弧形前撲，力達掌心（圖2-10）。

2. 披面掌

五指微屈，自然併攏，與撲面掌要求相同，唯掌心向裡，指尖傾斜向上，屈肘仰臂（小臂微仰向上與掌成坡狀）（圖2-11）。

3. 貫耳掌

五指自然伸展，指尖向前，掌心向裡，由下向前上弧形橫擊，力貫掌中（圖 2–12）。

▲ 圖 2–9

▲ 圖 2–10

▲ 圖 2–11

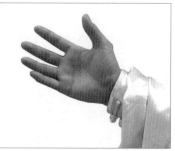

▲ 圖 2–12

4. 搨掌

掌心向下，手指不動，掌根突然用力向前按搨，力注掌心（圖 2–13）。

5. 捋手

直臂前伸，掌心或拳心向上，高與眉眼；然後前臂急速內旋，掌心翻轉向下，五指成半握狀，向下捋拉，下捋時要有震勁或曰扽勁（圖 2–14）。

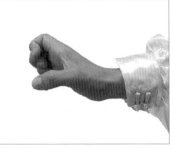

▲ 圖 2–13　　　　　　　　　▲ 圖 2–14

6. 橫攔掌

　　四指自然伸展，大拇指尖微屈貼於食指側，掌心斜仰向上。

　　橫攔掌另一形式，此式意在以小臂攔擊敵之腹脅，以誘敵之手來格也。因用法不同，其形式亦異，左（右）臂微屈橫向前伸，掌成半握拳，拳心向上，左（右）肘尖貼于右（左）拳背上（圖 2–15）。

7. 探指

　　直臂前伸，掌心向上，然後前臂急速內旋，掌心翻轉向下，五指變二指前戳，力達指尖（圖 2–16）。

▲ 圖 2–15　　　　　　　　　▲ 圖 2–16

三、步 型（下肢在靜止時的姿勢）

1. 弓步

一腿屈膝前弓，大腿接近水平，腳尖微內扣；另一腿挺膝伸直，腳尖內扣，兩腳全腳掌著地。上體正直，眼向前平視（圖 2-17）。

▲ 圖 2-17   ▲ 圖 2-18

2. 馬步（騎乘步）

兩腳平行開立（約為本人腳長的三倍），腳尖正對前方；兩腿屈膝半蹲，膝部不得超過腳尖，身體重心在兩腿之間（圖 2-18）。

> 要 點

大腿儘量接近水平，腳跟向外撐；上體正直。

3. 仆步

兩腿左右開立，一腿屈膝全蹲，大小腿緊靠，臀部接近小腿，全腳著地，腳尖和膝關節外展；另一腿挺直平仆，腳尖裡扣，全腳著地（圖 2-19）。

屈蹲之腳腳跟不得離地，平仆之腿膝不可彎曲，腳尖和腳外側不得掀起。

4. 虛步

兩腳前後開立，一腳外展約 45 度，屈膝半蹲；另一腳腳跟離地，腳尖虛點地面，膝微屈，重心在右腿上（圖 2-20）。

▲ 圖 2-19　　　　　▲ 圖 2-20

兩腿虛實分明，重心腿要站穩，虛腿不得踏實。

5. 歇步（亦叫剪子股）

兩腿交叉靠攏全蹲，左腳全腳著地，腳尖外展；右腳前腳掌著地，膝蓋貼近左腿外側，臀部接近右腿腳跟處（圖 2-21）。左腳在前為左歇步，右腳在前為右歇步。

兩腿要靠攏、貼緊，兩腿不可散開，重心也不要完全後坐。

6. 半馬步

兩腿屈膝半蹲（同馬步），唯前面之腿腳尖外展約 45 度，後腿腳尖微內扣（圖 2–22）。

7. 拗步

異側手腳在前即為拗步。前腿微屈，膝不前頂；後腿膝稍挺，但勿過直，前腳尖稍向內扣，後腳跟略向側擺（圖 2–23）。

▲ 圖 2–21

▲ 圖 2–22

▲ 圖 2–23

8. 順步

同側手腳在前即為順步。前腿微屈，膝不前頂；後腿膝稍挺，但勿過直，前腳尖稍向內扣，後腳跟略向側擺（圖 2-24）。

9.《字步（推山步）

兩腿稍屈，前後兩腳約距一腳半，或稍遠些，重心偏於後腿，其形如符號中的「《」字，故又名之曰「《」字步。前進時，用此步型會發出後蹬、前踩、上拱、前摧之勁。本拳第五路中的推山掌式即為此步型（圖 2-25）。

▲ 圖 2-24　　　　　　　▲ 圖 2-25

四、步　法（下肢在運動中的方法）

步伐靈巧敏捷，進退閃展自如，才能在進攻時不失時機地擊中敵手，也才能在防守時有效避開敵手的進攻，從而使自己始終處於有利地位，更好地戰勝敵人，爭取勝利。八翻手練習中，步法為上肢和身軀提供了必要的穩固條件，所以它是練習八翻手的基礎。

拳諺講：「先看一步走，再看一伸手」「步不穩則拳亂，步不快則拳慢」「打拳容易，走步難」「教拳不教步，教步打師父」，可見步法在八翻手練習中的重要程度。

八翻手練習者必須在步法動作正確、重心合理的前提下，在「穩」和「快」上下工夫。與此同時，加強腿部力量的練習，以及髖關節、膝關節、踝關節的柔韌性練習，使得步法更加穩健沉實，靜若處女，動如脫兔；步隨身活，手隨步行。

1. 上步

後腳經過前腳向前邁步。

2. 撤步

前腳收回半步。

3. 進步

前腳向前移步。

4. 退步

前腳經過後腳向後退步

5. 跟步

後腳向前跟進半步，但不越過前腳。

6. 拖拉步

步型不變，前腳向前進步，後腳隨之貼地拖拉滑移。此步法在八翻手拳路中應用較多。

7. 擺步

一腳提起腳尖外展踏實。

8. 扣步

一腳提起腳尖向內勾扣踏實。

9. 蓋步

一腳經另一腿前橫向邁出。

10. 倒插步

一腳向另一腿後側邁步，腳尖點地，腳跟掀起。

11. 並步

一腳向另一腳並步靠攏，兩腳踏實。

12. 卸步

前腳向後撤回半步，腳尖點地。

13. 勾腿盤旋法

此步法係本拳法中的基本步法，別的拳種也用。前腳繞內圓弧外擺前踏，後腳隨即繞外圓孤向前進步，腳尖裡扣，以備扣住敵人之腳向後勾撤。

14. 墊步

後腳向前邁進，靠近前腳跟時踏地震腳，以助拳勢之勁力，然後前腳再進。

五、腿　法（以下肢進行攻擊或防禦的運動方法）

1. 正踢腿

一腿站立，另一腿腳尖勾起向前額處快速踢起。

> 要 點

踢腿要快，落腿要輕，兩腿不能彎，力達腳尖。

2. 彈踢腿

一腿站立，另一腿屈膝提起，用力挺膝向前平踢，腳面繃直，力達腳尖。

要 點

彈踢時要有爆發勁，注意收髖，身正步穩。

3. 蹬腿

與彈腿同，唯腳尖勾起，力達腳跟。

4. 踹腿

一腿支撐站穩，另一腿屈膝提起，腳尖裡勾，腳跟用力向身體側面踹出，高不過頭，低不過膝。

要 點

踹腿時上身可向側倒，挺膝、開髖、速度快。

5. 勾踢腿

一腿直立微屈，另一腿屈膝後提，腳尖上翹，然後快速向前、再向上勾踢，高不過腰。

要 點

勾踢時力在腳背和腳腕上，一般勾踢對方的腳跟或小腿處，用力要猛，速度要快。

6. 戳腳

一腿支撐站穩，一腳抬起，腳尖外展向前橫戳截，高不過膝，低不過踝，意在脛骨。

要 點

勁力著意在腳跟、腳心之間，用以點、截、挫之法。

六、眼　法（眼在整體運動時的方法）

眼神的運用是評價學武練藝、水準高低的第一要著。倘若學武不練眼神，就會失掉氣勢與威武。兵貴神速，武需眼快。拳訣說：「拳似流星，眼似電」「貓竄，狗閃，

蛇鷹眼」，就是要求眼睛要像蛇那樣敏銳，如鷹一般銳利，使手、眼、身、步與精神、氣、力、功高度協調統一。訓練有素的武學高手，他們的眼神往往能達到「眼看神自到」的最高境界。

八翻手拳法練習中，眼法不能單獨行動，一般是「眼隨手動」，或注視，或俯視，或環視，或掃視。例如：上八路第三路「雙捋手式」中第三動：「翻身雙捋手」接第四動「馬步架打」，眼先看左手，再看右手，再看左手，隨右手接手的同時向左轉頭，注視左前方。

如果眼神不能顧及上下、左右、前後，受敵方的進攻和襲擊是無疑的。眼法主要有「隨視」和「注視」又叫「定視」兩種。

1. 隨　視

眼神隨主要運轉的手部動作或身體的某一部位運轉路線運轉，直到該動作結束。

2. 注　視

目光集中在某一點或在一個方位，定視正前方與眼等高的目標，眼神好似將目標看穿。

七、身　法（以腰脊為主的身體運動方法）

身法是指在武術運動中，以軀幹為主，結合套路中動作的變化做吞、吐、閃、展、擰、擠、靠、屈、伸、起、伏等動作變化時的方法。

身法不是孤立的上體活動，它要結合八翻手攻防含義並與上下肢緊密配合，協調一致。身法，是手、眼、身、

腰、步全體合法的總稱。

拳諺說得好：「拳打千遍，身法自然；拳打萬遍，其理自顯」「練拳不活腰，終究藝不高」「練拳容易身法難」。手、眼、身法、步在武術中，不論什麼拳種，都要求很嚴格，因為它可以正確姿勢、順達勁力，所以身法在武術中特別重要，尤其技擊，就更需要有一個眼到手到、身靈步活的好身法，方能達到進退攻防，變化神奇，隨心所欲的境地。

1. 翻身

折疊身軀變換方位，如「翻身雙捋手」。

2. 進身

步不動而身法進擊，以達到欺進對方，使對方失去重心。

3. 俯身

敵如下行，我隨之而俯，要粘隨機警，俯之彌深，如「迎風挫臂」。

4. 蹲身

屈膝下蹲，以備起發，有蓄勢待發之意，如「倒栽蔥」之蹲身。

5. 擰身

扭轉身軀，蓄而待發，如「掙（衝）捶式」的擰身等。

6. 閃身

避開敵正面直線而側閃身軀，一閃就進，要靈切速，如「捋採手」用法。

7. 貼身

緊貼敵身，使敵無法逃避，如「攔腰捶」。

8. 靠身

用身法擊敵，如肩靠胯撞之類的技法。

9. 披身

側身半伏，避開對方強硬之力，而後反擊。

10. 起身

身體上起，仰之彌高，身法如「倒栽蔥」。

第二節・八翻手功法練習

一、「百把抓功」

岳氏聯手八翻手除強調一般的身體素質訓練外，還要進行八翻手勁力（即增強拳、腕、指的勁力，以加快動作速度）的訓練。「百把抓功」就是練習八翻手勁力的方法之一。

具體練習方法如下述：

1. 兩足靠攏站立。兩拳上提收抱於腰側，拳心向上。胸要挺直，心靜氣平。

2. 接上動，隨即左腳向左開一步，兩腿屈膝下蹲成馬步。右拳從腰間向前衝打擊出，前臂呈螺旋形轉動，拳將到頂端時發脆勁，拳心旋轉向下。

3. 接上動，隨即鬆開變掌，然後以腕關節為軸，前臂外旋，用力向外轉腕，掌指向上、向右、向下劃一小立圓，隨即屈指抓握成鷹爪形刁手，其勢如鷹之攫物。

4. 右拳收於右腰側，拳心向上；接著打出左拳，動作順序同上，唯方向相反。

要 點

動作練習時，要納氣於丹田，使勁力向下注於兩腿，以求馬步紮實、穩健。每次練習左右手交替衝抓一百次，故名「百把抓功」。

功 理

練習「百把抓功」，應逐步增加衝抓的次數。開始練習時可每天早、晚分別衝抓 30 次；過 20 天後開始，每日遞增十把，直至可達每日早晚各衝抓一百把。經久練習，拳、腕、指的內勁會自然增長。

功 法

「百把抓功」動作雖然簡單，但很講實用。如敵以右拳擊來，我以右爪刁擒敵之右腕，中指扣按其內關穴；左手抓握敵右臂之曲池、少海穴，敵必然疼痛，無力反抗矣。「不怕千招會，就怕一招熟」「百藝通莫如一藝精」，如「百把抓功」練得指爪有勁，「一勁（力）降十會」，在對敵抓打擒拿、分筋錯骨時就可以隨心所欲，得心應手，運用自如了。

二、「點石」功法

八翻手煉氣的方法有許多，現介紹一種簡單易學、收

效很快的「點石功法」。

1.練習「點石功法」時，兩腿開立同肩寬，屈膝略蹲，膝蓋與腳尖垂直於地面。兩臂稍彎曲，兩掌掌心向下，指尖向前翹起，按於兩大腿旁。同時，牙齒微叩，眼微閉，做慢、細、勻、長的腹式呼吸。

要點

要鼻吸鼻呼。呼氣時兩掌用力下按，指尖翹起；吸氣時引氣入丹田，兩掌微微放鬆。

2.連續做十多次呼吸後，放鬆兩手，舒鬆片刻，然後面朝一堵牆站立，人與牆壁相距約一公尺遠。兩足略分開，腳跟離地，上體前傾。兩臂向前平伸，以兩手拇指、食指、中指成三角形觸牆，使人體大部分體重移於手指上。

然後保持該動作姿勢，呼吸要求與上式相同，以耳不聞呼吸聲為準。

要點

練習功法時，要求靜神而不動身，臂、腕、指較為吃力。練完十次呼吸後須散步，放鬆全身關節。

功理

如身體素質較好者，上述動作一、動作二可連續做，每式動作做 10 次呼吸，以後每隔一週增加 5 次呼吸，直至每次能做到 30 次呼吸為度。

練此功最好在早晚行之，一月後，內勁及指力在無形中會增長很多。

「百把抓功」和「點石功法」穿插練習，在擒拿敵方

岳氏八翻手 實｜用｜技｜法

時，收效會更顯著。

三、雙人纏腕

1. 甲乙二人相對，蹲成馬步，相距兩步左右。二人同時出左手或右手，由對方外側向裡，兩手相交在手腕處。目視雙方交叉之手。

2. 甲乙二人同時各自將己手以腕為軸向外旋，然後掌心朝下，虎口朝前，抓住對方手臂向下壓。然後將手鬆開，再以另一手纏抓對方。目隨手轉。

如此反覆交替練之。

(要 點)

步型要求與前同。此功法既練腕力，也能練下盤腿力。初練時手腕處有脹痛感，久練後即癒。此功有利於纏法。

四、雙人壓腕

1. 甲乙二人均蹲成左或右弓步，先以左弓步為例。甲右手握拳屈肘收抱於右腰側，拳心朝上；左手為掌，掌心朝下，手指朝前，前伸至乙腹前。目視左手。

乙左手握拳屈肘收抱於左腰側，右手為掌，掌心朝下，虎口朝前，前伸至甲左手背上面，抓壓甲左手腕。目視右掌。

2. 甲左掌用力向上抬，乙右掌往下壓，甲左掌抬至與肩平。

3. 甲左掌以腕為軸由乙右掌下向右、向上、向左繞

腕，然後反壓乙右手腕。在甲用力下壓之際，乙右手極力頂住。

4. 甲繼續將乙右手下壓至乙右下腹前。

5. 乙右手用力向上抬，甲左掌向下壓，乙右手上抬至與肩平。

6. 乙右掌以腕為軸由甲左掌下向右、向上、向左繞腕，然後虎口朝前再反壓甲左手腕。在乙用力下壓之際，甲左手極力頂住。

7. 乙繼續將甲左手下壓至己右下腹前，恢復如第一動之勢。

接著再按動作 1～6 反覆練之。

要 領

(1) 膝關節儘量與腳尖垂直。

(2) 向下壓手時，另一方向上極力頂住，目的是增加下壓的阻力，使下壓之速緩慢運行。切莫強硬相頂。雙方堅持練一會兒，手酸後再換另一手練；也可再換成右弓步練習。

此功久練可長臂力、腕力，有利於壓法。

五、其他功法

1. 抓鐵球

用 5 公斤左右鉛球或其他鐵球，用五指抓起放下，在未落地時又抓住。如此反覆練習，以增強指力。

2. 五指撐

雙手五指展開按在地上，做各種斜度的俯臥撐；也可

在兩張桌子之間，靠五指支撐做屈臂練習；或靠牆做倒立練習，增強腰背力、臂力、指力。

3. 擰筷子

筷子一把固定在一起，雙手左右上下變化用力擰轉，增加臂腕力和握力。

4. 辮子功

用麻皮編成一段 1 公尺左右長的繩子，上同手腕粗向下漸漸變細，如同女孩的辮子，上頭固定在樹或牆上，用兩手上下左右正反變化捋摟，以練習雙手抓拿之功。

5. 拓板功

在牆上斜豎長約 2 公尺，寬約 20 公分，厚約 2 公分左右的木板一塊，站立正面，先用手指接觸板面，然後用掌根逐漸用力下拓。

逐漸增加練習次數，增強打擊力度。

第三章

上八路
動作圖解

第一節・動作名稱

預備式

第二節・動作圖解及應用

預備式

【 歌　訣 】

　　頂天立地當庭站，五湖四海德為先。

　　岳氏連拳八翻手，先師留下真妙傳。

1. 掄臂抱拳。並步站立，兩腳併攏，兩臂自然下

垂，挺胸收腹，下頦內收，目視前方（圖3–1）。

2. 兩手握拳屈肘抱於腰間，拳心向上。目視左前方（圖3–2）。

3. 兩臂向兩側分開（圖3–3）。

4. 兩臂在身前交叉，右手在上（圖3–4）。

▲ 圖 3–1　　　　　　　▲ 圖 3–2

▲ 圖 3–3　　　　　　　▲ 圖 3–4

5. 右臂向上再向右側平舉，左臂由下向左側平舉。目視右手（圖3–5）。

6. 身體微左轉，右臂向左側平移，掌變拳，拳心翻轉向外，置於左掌前面。目視右拳（圖3-6）。

7. 兩臂先屈肘收抱於胸前，然後再向前推出。目視前方（圖3-7）。

▲ 圖 3-5

▲ 圖 3-6

▲ 圖 3-7

第一路　左右衝拳

歌訣

　　並步舉臂千斤墮，擰身下砸十字捶，

　　旋臂領手向前衝，岳氏八翻第一手。

1. 並步抄臂

(1) 接上動，兩手向上再向兩側分開，目視右手，（圖3-8）。

⑵ 上動不停，兩手繼續向下再經身前向中上抄起，肘微屈，掌心向後。目視兩手（圖3-9、圖3-10）。

2. 馬步墜肘

左腳向左側邁出一步，右腳隨之向左側移動，兩腿屈膝半蹲成馬步。同時，兩掌變拳，拳心向裡屈肘向下沉壓，拳高與口齊。目視前方（圖3-11）。

▲ 圖 3-8

▲ 圖 3-9

▲ 圖 3-10

▲ 圖 3-11

3. 歇步壓打衝拳

上身向左轉體約 180 度，兩腿隨之左轉折疊下蹲成歇步。同時，兩臂隨體轉向左，再向下屈肘下砸，拳背朝下，力達拳背。目視兩拳（圖 3–12 正、圖 3–12 反）。

4. 歇步領手

⑴ 兩拳收抱於腰間，拳心向上。目視右側（圖 3–13 正、圖 3–13 反）。

▲ 圖 3–12 正　　　　　▲ 圖 3–12 反

▲ 圖 3–13 正　　　　　▲ 圖 3–13 反

（2）兩腿微起。同時，兩拳向兩側直臂衝擊。目視右拳（圖3–14）。

（3）兩腿略屈，還原成歇步。同時，右臂外旋使拳心翻轉向上，屈肘向下回撤。目視右拳（圖3–15）。

5. 馬步衝拳

（1）上動略停，右拳先收抱於腰間（圖3–16）。

（2）右腳向右側上一大步，左腳隨之滑進，兩腿屈蹲成馬步。同時，右拳向右側用力衝擊，拳眼向上，力達拳面。目視右拳（圖3–17）。

▲ 圖 3–14

▲ 圖 3–15

▲ 圖 3–16

▲ 圖 3–17

1. 抱　拳

凡敵手擊我胸腹部時，均可使用此式向左右格攔之，或合擊其肘、腕關節處，挨著即發（圖 3-18～圖 3-21）。

2. 歇步壓打

敵拳或掌若當胸擊來，我即以兩臂搭其來手向下壓，或以兩臂猛力截擊之；同時，擰身吃住敵臂進逼敵身。唯吃敵臂時前手應緊壓敵之上臂中間，將其臂壓貼其身，使其不能得力，後手搭壓其下臂，準備發招，如弓之引滿待發。

▲ 圖 3-18

▲ 圖 3-19

▲ 圖 3-20

▲ 圖 3-21

此式撙身應用，意在逼敵而破其來攻之手，變化甚多。例如左手被敵左手拿住，即順勢後撤左肘，向左撙身，隨以左腕下壓敵腕，而以右拳擊敵左肘關節，敵必負痛撤脫。左右應用，可類推之。

3. 壓打領手

領手之意，與敵搭臂後，可隨其力前進之方向，領而卸之。如以右手搭敵左臂，敵若向右上挑，我則運勁於腕，肘向後撤；已領壓之敵若向外挑，我則以腕外鉤其臂，向上抬肘，卸敵勁後，順勢以拳擊敵左肋或頭部（圖3–22～圖3–25）。

▲ 圖 3–22

▲ 圖 3–23

▲ 圖 3–24

▲ 圖 3–25

4. 馬步衝拳（進步挣捶）

右拳用切勁，滾勁向前衝擊。如右手被敵拿住，即用領手之法，向懷內快速滾腕（外旋），敵手自然脫落；隨後臂內旋滾腕前進，快速有力（圖 3-26～圖 3-28）。

▲ 圖 3-26　　　　　　　　▲ 圖 3-27

▲ 圖 3-28

第二路　連環捶（偏身捶）

歌　訣

摚手上步撲面掌，真假虛實敵難防，
下拉上打腳勾絆，腳踏中門當心捶。

1. 右合手

接上動，左腳向後撤一步，右腳收於左腳內側，腳尖虛點地面，兩腿微屈成右虛步式。同時，左手從後向前屈臂置於右肩前，掌指向上，掌心向外；右拳變掌，置於左胯前，掌心向內。目視前方（圖3-29）。

2. 右捋手

(1)右腳前進一步踏實。同時，右臂外旋前伸，右手手心向上（圖3-30）。

▲ 圖3-29　　　　　　　▲ 圖3-30

(2)上動不停，右腳前移，左腳略跟，兩腿屈膝半蹲成半馬步式。同時，右臂內旋，手心向下半握下捋，高與腰齊，左手隨之下落於胸前。目視前方（圖3-31正、圖3-31反）。

3. 上步撲面掌

右腳外擺，左腳上一大步，腳尖微扣，右腿挺膝蹬直，左腿屈膝前弓成左弓步式。同時，右手握拳收抱於腰間，拳心向上；左掌橫掌前推，掌心向外，掌指向右。目

視前方（圖 3–32）。

▲ 圖 3–31 正　　　　　▲ 圖 3–31 反

▲ 圖 3–32

4. 虛步偏身捶

右腳不動，左腳略收，腳尖內扣，兩腿微屈成左虛步。同時，左掌變拳收抱於腰間，右拳從腰間向前上貫打，力達拳面。目視前方（圖 3–33）。

5. 馬步架打

身體略右轉，左腳向前上一步，兩腿屈膝半蹲成馬步。同時，右臂屈肘上架，拳心向外；左拳從腰間向前衝擊，拳眼向上，力貫拳面。目視前方（圖 3–34）。

▲ 圖 3–33   ▲ 圖 3–34

1. 右捋手

合手式，與敵對恃之時，前手為攻，後手防護胸腹與面部。捋手時，前手（如右手）佯攻敵人面部，敵必以拗手（右手）上挑，我即順勢捋其小臂或手腕部向下回撤；亦可扣採敵衣袖者，則敵必前傾，我再以其他方法擊之。

如敵以順手（左手）上挑，我則專用扣採之勁回撤，或以後手由前手肘後穿出，捋敵之臂，再用另一手擊之。

另外設敵以右手擊我上部，我即可順其來勢捋其腕（圖 3–35）。

▲ 圖 3–35

　　制敵貴一「近」字，愈近愈有把握，挗腕、臂，唯近則皆宜。若出手遠，雖挗住敵腕，而勁不能聚，敵腕每每撤脫。

2. 上步撲面掌

　　敵右手破我所挗，必後掙撤，我即上左步扣敵右步，以左掌撲擊敵面，撲眼則流淚，撲鼻則出鼻血，撲額頭則敵必仰面，然後向下按摸其必倒地。（圖 3–36、3–37 正、3–37 反）。

▲ 圖 3–36

▲ 圖 3–37 正

▲ 圖 3–37 反

摸勁是以掌緊按敵額頭，隨頭之逃轉而摸，即由內向外劃一半圓，五指攏按敵首勿使逃遁。

撲勁主擊，指掌合力，沉穩而勢速，經常多用為虛手，為之驚敵，而引其出手也。然虛實原無定見，防則為虛，不能防則為實。

此拳将手撲面兩式，為拳中之精華，千變萬化，多由此生，學之若精，其妙不可言傳。

3. 虛步偏身捶（擒腕齊眉捶）

(1) 将敵右腕，擊撲面掌時，若敵以左手挑格，我則以左手擒拿其腕向左下拉，右手同時向右拉，使敵兩臂肘關節相搭，名曰鎖法。此時我用左足扣敵之右腳跟，向後鉤撤，手足並用，敵必失去重心；同時，我右拳擊其額頭，敵必受創（圖 3–38、圖 3–39）。

▲ 圖 3–38

▲ 圖 3–39

要 點

此式之關鍵在交叉鎖手，敵手被鎖，則任由我擺佈。

(2) 另若敵不挑格而下按我撲面之掌時，我則左手隨其按勁下搬，而以右掌直擊其面部；或以左手翻掌（掌心

向上）托敵下按之臂而向左側捋之，繼用右拳齊眉擊之也可（圖3-40、圖3-41）。

▲ 圖 3-40　　　　　　　　▲ 圖 3-41

4. 馬步架打

以齊眉捶擊敵時，敵若以右手上格，我即進左步，左掌變拳衝擊敵之胸腹。

第三路　雙捋手

> **歌　訣**
>
> 　　壓打弓步指襠捶，翻身雙捋向下捴，
> 　　馬步架打窩心炮，刁手鑽打又一捶。

1. 馬步壓打

接上動，身體向右後轉約180度；同時，右腳向右後方跨半步，兩腿屈蹲成馬步。右拳臂外旋，拳心翻轉向上，從上向右下砸，高於右膝，左拳收抱於腰間。目視右拳（圖3-42）。

2. 弓步架打

上動不停，左腿挺膝蹬直，成右弓步。同時，右臂屈肘上架，拳心向上；左拳從腰間向前下方衝出，力達拳面。目視左拳（圖 3–43）。

▲ 圖 3–42　　　　　　　　▲ 圖 3–43

3. 翻身雙捋手

右腳內扣，身體向左翻轉約 180 度，左腳收於右腳內側，腳尖虛點地面成左虛步式。同時，兩拳變掌從身後向上再向左掄臂下捋。目視前方（圖 3–44、圖 3–45 正、圖 3–45 反）。

▲ 圖 3–44

▲ 圖 3–45 正　　　　　　　　▲ 圖 3–45 反

4. 馬步架打

左腳向前上一步，兩腿屈蹲成馬步。同時，兩掌變拳，右臂屈肘上架，左拳向前直臂前衝，拳眼向上，力達拳面。目視前方（3–46）。

5. 進步鑽打

左腳外展，右腳上步，兩腿半蹲成半馬步式。同時，兩臂先向後掄，經右側再將左臂內旋，拳心翻轉向上，屈肘上架，右拳經腰間向前衝擊，拳眼向上，力達拳面。目視前方（圖 3–47、圖 3–48）。

▲ 圖 3–46　　　　　　　　▲ 圖 3–47

▲ 圖 3–48

應用法

1. 弓步架打

設敵從身後向我頭部擊來，我則向右轉身，用右臂屈肘上架敵臂，再以左拳擊其小腹。

2. 翻身雙捋手

設敵從身後向我襲來，我則翻身用雙手捋其臂，敵必前傾；然後以右手扣敵左臂，用左手擊敵面部（圖3–49、圖 3–50a、圖 3–50b）。

要　點

雙捋手要向身體的左側或右側下捋，免被敵撞。

▲ 圖 3–49

▲ 圖 3–50a　　　　　▲ 圖 3–50b

3. 馬步架打

用雙手捋下敵臂，若敵臂向上挑格，我即以右臂上架，以左拳進擊敵胸腹。

4. 上步鑽打

架打後敵若格我左手，我即臂內旋，手心翻轉向上，似挑似架，如鉤如摟，使敵勁落空，乘機進擊其胸腹。

第四路　攔腰捶（葉底藏花）

> **歌 訣**
>
> 捋手換把掌搧耳，拉直敵臂前後折，
>
> 挑起敵臂攔腰打，管住敵腿敵必栽。

1. 捋手

同前（圖 3–51～圖 3–53）。

2. 上步扣手

右腳外擺，左腳上步，兩腿半蹲成馬步。同時，右手握拳收抱於腰間，左手從身前向左劃弧，再從上向下按掌。目視左掌（圖 3–54）。

▲ 圖 3–51

▲ 圖 3–52

▲ 圖 3–53

▲ 圖 3–54

3. 弓步搧耳掌

右腿蹬直，成左弓步式。同時，右拳變掌向前上貫擊，掌心向左，掌指向前。目視左掌（圖3–55）。

4. 馬步攔腰捶

(1) 右腳向左腳並步靠攏，兩腿微屈。同時，上體微向右轉，右掌變拳，右臂屈肘上架於頭頂上方（圖3–56）。

▲ 圖 3–55　　　　　　　▲ 圖 3–56

　(2)上動不停，左腳向左側跨一步，右腳跟進。同時，左臂屈肘向上挑夾，拳心向內，右拳從頭頂向右再向左側掄打。目視右拳（圖 3–57、圖 3–58）。

▲ 圖 3–57　　　　　　　▲ 圖 3–58

應用法

1. 上步扣手

　以右手捋敵右腕，上左步扣敵右步，以左手拿敵右臂，屈膝下蹲，身向右轉，使敵不得反抗（圖 3–59）。

2. 馬步貫耳掌

　左手扣敵右臂不動，右掌橫擊敵面，此為虛手，為下

動做準備（圖 3–60）。

▲ 圖 3–59　　　　　▲ 圖 3–60

3. 馬步攔腰捶

(1) 接上式，我以右掌擊敵面部，敵必以左手挑格，此時我順勢擒敵臂向我右側拉，使敵臂伸直，然後以左手穿其肘後上挑，架過我頭部之後，即以右拳擊其左肋。因前我已用左腳扣住其右腳，故我若身體向左擰轉，敵必倒地（圖 3–61～圖 3–63）。

▲ 圖 3–61

▲ 圖 3-62　　　　　　　　▲ 圖 3-63

⑵ 另若敵左手不挑而下扣，我則右手拿其臂向後拉直，然後左手向上屈肘於敵肘部，兩臂合力，右手外推，左臂內收，腰背使勁則可折斷敵臂。

第五路　進步雙推手（餓虎撲羊）

　　捋手上步撲面掌，握敵雙手向下採，
　　乘敵回撤猛一推，餓虎撲羊倒塵埃。

1. 右捋手

同前（圖 3-64～圖 3-66）。

2. 上步拍面掌

　　右腳外擺，左腳向前上一步，屈膝前弓，右腿挺膝伸直，成左弓步。同時，右手握拳收抱於腰間，拳心向上；左臂外旋使手心向上，用掌背向前拍擊（圖 3-67）。

▲ 圖 3-64

▲ 圖 3-65

▲ 圖 3-66

▲ 圖 3-67

3. 撤步雙採手

(1) 雙腳不動。右手經左掌下向前穿出。目視前方（圖 3-68）。

(2) 右腳不動，左腳回收，腳尖點地成左虛步。同時，兩臂內旋，手心翻轉向下用力回收（圖 3-69）。

4. 進步雙推手（餓虎撲羊式）

上動不停，左腳向前進步，右腳隨之跟進，兩腿微屈。同時，兩手快速立掌前推，掌心向外，掌指向上，勁

由腰發，力達掌心（圖 3–70）。

▲ 圖 3–68

▲ 圖 3–69

1. 捋手

同前（如圖 3–71、圖 3–72）。

2. 上步拍面掌

如設我右手捋敵右腕，進左步扣敵左步，以左掌背反擊敵面，誘敵左手格架，我則轉掌再捋其左手腕（圖 3–73）。

▲ 圖 3–70

▲ 圖 3–71

▲ 圖 3–72　　　　　　　　▲ 圖 3–73

3. 合手雙推

　　我兩手相交，左腳回撤，身體下蹲，猛捋敵腕向下，此時，敵必掙扎後退，我則乘勢合力前推，將其推擲出去（圖 3–74～圖 3–77）。

▲ 圖 3–74　　　　　　　　▲ 圖 3–75

▲ 圖 3–76　　　　　　　　▲ 圖 3–77

另亦可向我側後方單捋，待其前傾時，撩手擊其面部也。

第六路　捆豬手（霸王捆豬）

歌　訣

捋手上步臂橫攔，十字捆手控敵臂，

一手管住兩個手，任我擊打任我推。

1. 左捋手

同前（圖3-78～圖3-80）。

▲ 圖3-78　　　　　　　　▲ 圖3-79

2. 上步橫攔掌

左腳外展，右腳向前上步，屈膝前弓，左腿伸直，成右弓步式。同時，右臂外旋，掌心向上，向右側橫攔。目視右手（圖3-81）。

3. 捆豬手

左腳不動，重心移至左腿，右腳回收，腳尖點地成右虛步。同時，左臂屈肘上架於頭部左側，右掌變拳，右臂

▲ 圖 3-80　　　　　　　　▲ 圖 3-81

內旋，向身前下落。目視前方（圖 3-82）。

4. 斜推掌

右腳向右前方上步，右腿屈膝成右弓蹬步。同時，右臂內旋，掌心向外上架於頭右上方；左手下落，掌心向前經胸前向右側推出。目視前方（圖 3-83）。

▲ 圖 3-82　　　　　　　　▲ 圖 3-83

應用法

1. 左捋手

同前，不另述（圖 3-84）。

2. 上步橫攔掌

掌心向內，以小臂攔擊敵面，誘敵另一手來格擋（圖 3-85）。

▲ 圖 3–84　　　　　　　▲ 圖 3–85

3. 捆豬手

以右手捋敵右腕，以左橫攔掌擊敵面部，敵必以左手格架，隨即反掌擒其左腕下捋，右手向上提撐，使敵右臂壓於自己左肘下方，此時我左手擒按敵腕，右手制敵兩手，儘量向敵身前推進，將敵控制（圖 3–86、圖 3–87）。

▲ 圖 3–86　　　　　　　▲ 圖 3–87

4. 斜推掌

(1) 接上式，敵雙手被我捆鎖，我可鬆開左手，以臂循敵左腕而上至兩肘相交處，左臂內旋，右手按住左腕，兩手合力滾擠，則可將敵推擲出局。

(2) 另我可不鬆左手，以右掌推擲敵之左臂，敵必傾

斜。此乃擲打並用之招法（圖 3–88、圖 3–89）。

▲ 圖 3–88　　　　　　　▲ 圖 3–89

第七路　二龍戲珠

 歌 訣

　　拳打三里反臂捶，二龍戲珠戳雙眼，

　　拿住敵臂往回拽，擺肘擊襠倒塵埃。

1. 右将手

同前（圖 3–90～圖 3–92）。

▲ 圖 3–90　　　　　　　▲ 圖 3–91

▲ 圖 3-92

2. 上步砸拳

右腳外展，左腳上步，兩腿屈膝半蹲成馬步。同時，左手變拳向前下掄臂下砸，拳背朝下，力達拳面，高於胸脅之間，右手握拳收抱於腰側。目視前方（圖 3-93）。

3. 探指式

左腳不動，右腿挺膝蹬直成左弓步式。同時，左臂內旋，拳心翻轉向下，置於腹前；同時，右拳變成劍指，中食二指併攏，其餘三指屈曲，向前直刺。目視前方（圖3-94）。

▲ 圖 3-93　　　　▲ 圖 3-94

4. 擺肘衝拳式

(1) 右腳向左腳並步，身體右轉約 90 度，兩腿屈膝半蹲。同時，左手不動、右指變拳臂內旋回收於額前，拳心向外。目視前方（圖 3–95 正、圖 3–95 反）。

▲ 圖 3–95 正　　　　　　　▲ 圖 3–95 反

(2) 上動不停，左腳向前上一步，兩腿屈蹲成馬步。同時，左臂屈肘上挑。目視前方（圖 3–96）。

(3) 左腿不動，右腿挺膝蹬直成左弓步式。同時，左大小臂夾緊，右拳直臂向前衝擊，力達拳面。目視前方（圖 3–97）。

▲ 圖 3–96　　　　　　　　▲ 圖 3–97

1. 右捋手左砸拳

設敵以右拳擊我胸腹，我以右手捋其腕，上左步以左拳擊截其臂（圖3-98）。

2. 探指式

我用左手擊截後，左拳變掌，反拿其臂，鬆右手，探指戳擊敵之兩眼（圖3-99）。

▲ 圖3-98　　　　　　　　　▲ 圖3-99

本招在此為虛招，以誘敵出手格擋為目的。

3. 擺肘衝拳

此式採用截法，擺肘為截折敵臂。我右手探指戳敵雙眼，敵必以左手向上格擋，這時我順勢反拿其臂，向我右後拉伸，使敵臂儘量伸直；然後左臂屈肘上挑，大小臂夾緊緊屈於敵之左肘關節處；繼之上體向左擰，左臂夾緊隨之，同時右拳向敵胸部衝擊；左腳仍扣住敵右腳，使之不得移動，敵臂必受重創（圖3-100、圖3-101）。

如敵左臂掙扎，我右拳則當胸一擊，敵必倒地或受傷

（圖 3-102、圖 3-103）。

▲ 圖 3-100

▲ 圖 3-101

▲ 圖 3-102

▲ 圖 3-103

第八路　迎面捶

歌　訣

　　捋手上步掌搧面，擺肘擊襠點心捶，

　　跟步挑打迎面擊，滿面桃花顯身手。

1. 左捋手式

同前（圖 3-104～圖 3-106）。

▲ 圖 3-104

▲ 圖 3-105

▲ 圖 3-106

2. 撇面掌

左腳外展，右腳向前上步，屈膝前弓成右弓步。同時，右臂外旋使掌心向上，用掌背向前撲擊，高與眉齊。目視前方（圖 3-107）。

▲ 圖 3-107

▲ 圖 3-108

3. 擺肘指襠拳

(1) 身體微左轉，兩腿屈蹲成馬步。同時，右大小臂屈肘夾緊。目視前方（圖3-108）。

(2) 上動不停，右腳向右側跨半步，屈膝前弓，左腿蹬直成右弓步。同時，右臂夾緊向右擺動，姿勢不變，左手握拳向前下衝擊。目視前方（圖3-109）。

▲ 圖3-109

4. 壓打點心拳

(1) 身體微左轉，兩腿略蹲成半馬步。同時，左手抱拳收於腰間，右拳反臂下砸，力達拳面。目視前方（圖3-110）。

(2) 上動不停，身體微向右轉，左腿蹬直成右弓步。同時，右拳下壓，拳心朝下；左拳從腰間向前衝出，高於心齊。目視前方（圖3-111）。

▲ 圖3-110

▲ 圖3-111

5. 架打迎面拳

(1) 右腳不動，左腳向右腳並步靠攏，兩腿微屈略蹲。同時，右拳上架與左拳交疊。目視前方（圖 3–112）。

(2) 上動不停，右腳向前邁步，左腳略跟，兩腿微屈。同時，左手以拳背向前擊打，拳面向上，力達拳背，右拳臂屈肘上架於額頭前。目視前方（圖 3–113）。

▲ 圖 3–112　　　　　　　▲ 圖 3–113

應用法

1. 右捋手撇面掌

捋手同前，以左掌反背擊敵面部（圖 3–114、圖 3–115）。

▲ 圖 3–114　　　　　　　▲ 圖 3–115

2. 擺肘指襠拳

左肘下夾敵之右臂，向外擺擰，右手變拳擊敵小腹（圖 3–116、圖 3–117）。

▲ 圖 3–116　　　　　　　▲ 圖 3–117

3. 壓打點心捶

當用擺肘指襠拳時，敵若以左手下格，我即用左小臂壓砸其臂腕，抽回右拳，衝擊其心胸部；或近身右拳向上提擊其心胸部；或近身以右拳向上提擊其鼻臉頰等處（圖 3–118、圖 3–119）。

▲ 圖 3–118　　　　　　　▲ 圖 3–119

4. 架打迎面拳

接上動，敵如雙手掙脫，盡力上格，我即以小臂屈肘上架，右手在上，隨之舉於頭額上方，兩手如搭十字，挑起後繼以右拳背顛擊敵面（圖 3-120、圖 3-121）。

▲ 圖 3-120

▲ 圖 3-121

要點

此式步法，上挑時步要收斂。各式動作，前進時須存後退之意；上挑時需含下壓意念，可謂有開合勁、往復勁，為學拳所最要，用意為上，用力為次。

6. 收式

(1) 身體微向左轉約 90度，兩臂向兩側平舉（圖 3-122）。

(2) 左腳向右腳靠攏，兩腿並步直立。同時，兩手變拳收抱於腰間。目視左前（圖 3-123）。

▲ 圖 3-122

岳氏八翻手 實用技法

(3) 兩手變掌貼於大腿兩側，挺胸直立。目向前平視（圖 3-124）。

▲ 圖 3-123

▲ 圖 3-124

岳氏八翻手 實｜用｜技｜法

第四章

中八路
動作圖解

第一節・動作名稱

第一路　人迎砍掌

1. 捋手
2. 人迎砍掌
3. 捆手
4. 踹腿
5. 斜推手

第二路　捌　肘

1. 捋手
2. 上步捌肘
3. 頂肘
4. 背捶
5. 擊襠推手

第三路　窩心炮

1. 捋手
2. 上步砸拳
3. 並步窩心捶
4. 天突背捶
5. 橫推掌

岳氏八翻手 實｜用｜技｜法

第四路　撐磨腿

1. 捋手

2. 穿心捶

3. 插步刁手

4. 撐腿按心掌

第五路　勾掛連環腿

1. 捋手

2. 上步剪臂

3. 捆手

4. 鉤掛連環腿

第六路　提手

1. 捋手

2. 斜飛

3. 虛步雙捋

4. 提手

5. 窩心炮

第七路　倒栽蔥

1. 捋手

2. 肩井按手

3. 並步提腿

4. 馬步分掌式

第八路　擠　靠

1. 挌手
2. 抹眉掌
3. 橫捌手
4. 擠靠

第二節・動作圖解及應用

第一路　人迎砍掌

歌　訣

八翻挌手勢當先，人迎砍掌在頸間，

左右捆手腳踢襠，架掌橫推敵遭殃。

1. 預備式

立正站好，兩腳併攏，兩臂自然下垂，下頜內收，挺胸塌腰，目向前平視（圖 4–1）。

2. 右合手

身體向左後轉約 180 度，左腳向左側略移，腳尖內扣，膝微屈；右腳隨左腳移動，屈膝收於左腳內側，腳尖虛點地面，兩腿成右虛步式。同時，左手向上置於右肩前，掌心向外；右手置於左胯旁，掌心斜向外；目視右前

▲ 圖 4–1

▲ 圖 4–2

方（圖4–2）。

3. 右捋手

（1）右腳向前進步。左手不動，右手仰掌前伸，掌心斜向上，高與眉齊。目視右掌（圖4–3）。

（2）上動不停，重心下坐，兩腿屈膝半蹲成半馬式。同時，右手臂內旋，掌心翻轉向下，五指半握成捋手狀。目視前方（圖4–4）。

▲ 圖 4–3

▲ 圖 4–4

4. 人迎砍掌

右腳外展約 90 度，左腳向前上一步，足尖微扣。同時，右掌收抱於腰間，左臂外旋，掌心向上，直臂向前砍擊，力達掌外沿，高與肩齊。目視前方（圖 4-5）。

5. 捆手踩踢

⑴ 重心前移至左腿。兩手握拳，左下右上分開（圖 4-6）。

▲ 圖 4-5　　　　　　　　▲ 圖 4-6

⑵ 左腿蹬地直立，右腳從後向前下踩踏（圖 4-7）。

⑶ 蹬踹腿，右腳向前落地踏實，左腿向前蹬踹，腿伸直，力達足心（圖 4-8）。

▲ 圖 4-7　　　　　　　　▲ 圖 4-8

6. 架推掌

上動不停，左腳向左前方落地下蹲，右腿屈膝跟進，兩腿成半馬步式。同時，左臂屈肘上架，臂微屈，掌心向外；右掌向左側用力推擠，高與胸齊（圖4-9）。

應用法

1. 接拉對方右手腕向下将，對方必向後撤（圖4-10）。

2. 我借勢上左腳於對方右腳後；同時左掌用力，砍擊對方的頸部（圖4-11）。

▲ 圖 4-9

▲ 圖 4-10　　　　　　　▲ 圖 4-11

3. 敵不躲則被擊中；若敵另一手上架格擋，我則順勢拿其手腕，重心前移，兩臂左右上下分開，使敵臂交叉互壓，不能移動（圖4-12）。

4. 這時我上右腿踩踏對方左小腿（圖4-13）。

5. 我再以右腿蹬踹對方的胸腹部，這時對方雙手被抓，不得逃脫，必被踢中（圖4-14）。

6. 我復以左腿前落於敵人身後，管住其右腿，然後以右掌向左側猛擊敵身，其必受創或倒地（圖4-15）。

▲ 圖 4-12

▲ 圖 4-13

▲ 圖 4-14

▲ 圖 4-15

挌手要穩，上步砍掌可以是虛招，引敵出手，兩手必
須握牢對方兩碗並用力前壓，使對方兩臂不能反擊。右腳
踩踏對方小腿迎面骨或膝關節處，左腳蹬踢對方小腹處，
敵必受重創。

第二路　捌　肘

挌手上步捌敵肘，滑動腳步肘擊胸，

反背擊頭掌擊襠，上下齊攻敵難防。

1. 預備式

右合手，方法同前（圖4–16）。

▲ 圖 4–16

2. 右挌手

方法同前（圖4–17、圖4–18）。

▲ 圖 4–17　　　　　　　▲ 圖 4–18

3. 捌肘式

左腳向前上一步，身體右轉 90 度，兩腿屈膝半蹲成馬步式。同時，右臂屈肘向右，左手握拳屈肘向上，從左向右橫擊（圖 4–19）。

4. 頂肘

上體不動，左腳向左側略移半步，左腳隨之滑動半步。同時，左拳下落，屈肘於胸前，拳心向下；右拳變掌，用掌心頂在左拳面上，左肘用力向左側頂擊。目視左側（圖 4–20）。

▲ 圖 4–19　　　　　　　▲ 圖 4–20

5. 反背拳

上動略停，左腳略向左側滑動，右腳挺膝蹬直成弓步。同時，左小臂握拳向上向左側擊打，高與眉平。目視左掌（圖4-21）。

6. 上推下擊掌

上動略停，左腳向左側移動半步，右腳跟進，兩腿半蹲成馬步。同時，左拳變掌從上向內再向下向左側擊打，掌心向外，右掌也同時向左側推擊（圖4-22）。

▲ 圖4-21

▲ 圖4-22

應用法

1.設我以右手捋敵之右腕，並向身前拉拽，使其臂伸直（圖4-23）。

2.上左步於敵之右腿後面，管住敵腿不得退卻；同時，左臂屈肘從後向前再向右橫捌敵右臂肘關節（圖4-24）。

3.敵臂被拉必回抽，我則跟著用左肘平擊敵胸（圖4-25、圖4-26）。

4.敵含胸避之，我再用拳背反擊其顏面部位（圖4-27）。

▲ 圖 4–23　　　　　　　▲ 圖 4–24

▲ 圖 4–25　　　　　　　▲ 圖 4–26

5. 敵仰身避之時，我繼以左肘為軸反掌向下擊敵襠部；同時，右掌直擊其面部（圖4–28）。

（要 點）

此招是以左臂拳掌連續攻擊之法，右手須牢握敵右腕，並拉直其臂，用力挒擊敵臂，肘擊敵胸，拳背擊敵頭，指上打下之法；上下相隨，被擊中之處，均能使敵受傷，唯需熟練求之。

岳氏八翻手實用技法

▲ 圖 4-27

▲ 圖 4-28

第三路　窩心炮

 歌　訣

　　搭手翻腕手下捋，乘敵後退連環擊，
　　反臂外旋向前擠，巧用妙招架推手。

1. 預備式

左虛步合手，方法同前（圖 4-29）。

2. 左捋手

方法同前（圖 4-30、圖 4-31）。

▲ 圖 4-29

▲ 圖 4-30

3. 上步砸拳

右腳向前上一步，兩腳屈膝半蹲成馬步。同時，右手握拳向上再向前、向下反臂掄拳下砸，拳心向上，左手收於腰間。目視右側（圖4-32）。

▲ 圖4-31

▲ 圖4-32

4. 窩心炮

右拳內旋於腰間，拳心向上；左拳向前平衝，拳眼向上，力達拳面。同時，左腳向右腳並步，兩腿微屈。目視前方（圖4-33）。

▲ 圖4-33

▲ 圖4-34

5. 反背拳

上動略停，右腳再上前一步，膝微屈，左腳略微跟

進。同時，右拳收於腰間，左拳臂外旋使拳心向上，翻背前擊（圖 4-34）。

6. 架推掌

(1) 右腳外擺，身體向右轉約 90 度，兩腿交叉。同時，右拳回收於與腰間，左臂外旋上格使拳心向後、拳面向上，高與眉齊（圖 4-35）。

(2) 上動不停，左腳向左前方跨一大步，右腿跟進半步，兩腿屈膝半蹲成半馬步式。同時，左拳變掌屈肘上架，右臂微屈立掌向左前推出，掌心向外，掌指向上，力達掌心。目視左前方（圖 4-36）。

▲ 圖 4-35　　　　　▲ 圖 4-36

應用法

1. 左手或右手捋拿敵手腕（圖 4-37）。

2. 迅速上步用拳擊打其臂，擊打大臂小臂均可（圖 4-38）。

3. 敵欲抽回手臂之際，進步用拳衝擊敵胸部（圖 4-39）。

▲ 圖 4-37

▲ 圖 4-38

▲ 圖 4-39

(4) 敵若格擋，我則再進一步用拳背反擊其面部（圖 4-40）。

(5) 再上步絆住其前腳，一手隔開敵招架之臂，另一手則猛擊其胸腹處，敵必倒地（圖 4-41）。

要點

上步砸拳時，要瞅準對方的大臂外側或小臂外側三里穴處，此處擊中疼痛難忍；窩心拳擊打對方心窩處，此拳擊中，可使對方岔氣，甚至重創，練習時務必小心。反背拳擊面部是引手，引誘對方出手向上格擋，我乘機架開其臂，上步扣腿發力，使對方撲跌。

岳氏八翻手實用技法

▲ 圖 4–40　　　　　　　　　▲ 圖 4–41

第四路　撐磨腿

　　起手鑽翻抝手先，迎門打出連環拳，

　　刁手插步悄近身，撐磨一腿敵撲通。

1. 預備式

左合手，同前（圖 4–42）。

▲ 圖 4–42　　　　　　　　　▲ 圖 4–43

2. 左捋手

方法同前（圖中 4-43、圖 4-44）。

3. 穿心捶

(1) 左手握拳回拉。同時，右腳上步。右手握拳直臂前衝，拳眼向上，力達拳面（圖 4-45）。

▲ 圖 4-44　　　　　　　　▲ 圖 4-45

(2) 左腳向右腳並步靠攏，兩腿微屈。同時，右拳回收，左拳向前，直臂前衝（圖 4-46）。

(3) 上動不停，右腳再上一步，腳尖向前。同時，左拳回收，右拳直臂前衝。目視前方（圖 4-47）。

▲ 圖 4-46　　　　　　　　▲ 圖 4-47

4. 撐磨腿

(1) 左腳向右腿後倒插一步，腳尖點地，腳跟微提起。同時，右拳向懷中收回，左拳變掌從作臂下向前伸出（圖 4–48 正、圖 4–48 反）。

▲ 圖 4–48 正　　　　　　　　▲ 圖 4–48 反

(2) 上動不停，左腳踏式，重心移至左腿，右腳虛點地面。同時，左手前伸，右拳變掌收於腰側。目視前方（圖 4–49）。

▲ 圖 4–49

(3) 左腳站穩，右腿伸直，腳尖內扣，小腿用力從左向右貼地劃弧橫掃。同時，左掌變拳收於腰側，右掌從後

向前推按，力達掌心。目視右手（圖 4-50 正、圖 4-50
反）。

▲ 圖 4-50 正　　　　　　▲ 圖 4-50 反

應用法

1.當我左手向下捋拿敵右腕，敵必向後掙脫（圖
4-51）。

2.此時我迅速上步，以右拳擊打其胸部，敵手必格
擋（圖 4-52）。

▲ 圖 4-51　　　　　　▲ 圖 4-52

3.敵若以左手拿我右腕時，我左手從右臂下穿出並
反拿敵腕，騰出右手，用掌推按其背部（圖 4-53、圖
4-54）。

岳氏八翻手 實用技法

▲ 圖 4-53

▲ 圖 4-54

4. 上動不停，我用左手握敵右臂，同時，右掌向前下推敵背部；用右腿橫掃敵之左腿，敵必撲倒在地（圖4-55）。

▲ 圖 4-55

要 點

本式以掃堂腿為主要動作，穿心錘以誘敵拿腕，倒插步（偷步）為了靠近對方。當敵以左手拿我右腕時，我則偷步用左手刁拿他左腕或衣袖，向我身前拉扯，同時用右掌向前推擊其背，用右腿下掃其腿，上下合作，敵必應聲倒地。此招為指上打下，暗度陳倉之法。

第五路　勾掛連環腿

歌　訣

起手鑽翻拎手先，上步剪臂卸敵肩，

敵若躲閃緊相逼，前鉤後絆將它踢。

1. 預備式

左合手，同前（圖4–56）。

▲ 圖4–56

▲ 圖4–57

▲ 圖4–58

▲ 圖4–59

2. 左捋手

方法同前（圖4-57、圖4-58）。

3. 上步剪臂

右腳上一大步，屈膝前弓，後腿微蹬，成右弓步式。同時，左手回收於腰間，右臂外旋屈肘向前上方挑起，手心向上。目視前方（圖4-59）。

4. 勾掛連環腿

(1) 上體微向右轉，右手向右側回帶，左手向左上伸出（圖4-60）。

(2) 上動不停，重心前移至右腿，左腳從後向前再向右踢，腿要直，足尖上翹。同時，兩手左下右上分開（圖4-61正、圖4-61反）。

▲ 圖 4-60

▲ 圖 4-61 正

▲ 圖 4-61 反

5. 弓步衝拳

上動不停，右腿屈膝略蹲，左腿伸直向左前，再向左

後掃絆，落地形成右弓步式。同時，左拳向身前衝擊，拳心朝下，力達拳面（圖 4-62 正、圖 4-62 反）。

▲ 圖 4-62 正

▲ 圖 4-62 反

應用法

1. 設敵左拳向我頭部襲來，我速以左捋手將其拿住（圖 4-63）。

2. 在敵向後撐退之際，我迅速上右步於其左腿後，同時右臂向上挑，左手向下壓，使其肩肘關節上下受挫（圖 4-64）。

▲ 圖 4-63

▲ 圖 4-64

3.敵左臂被控，必以右手阻擋並後撤，我左手乘勢
捉其右腕，兩手用力前推（圖4–65）。

▲ 圖 4–65

4.此時我兩手控制其兩臂不得動彈，敵右腿在前，
我抬左腿向前勾踢其右腿腳踝處，敵如果沒有倒地，我再
用左腿回絆其左腿，兩手順勢前推，敵必撲地（圖4–66
～圖4–69）。

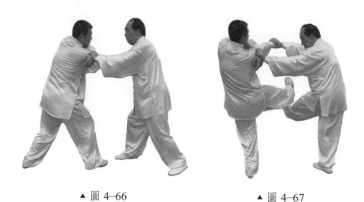

▲ 圖 4–66　　　　　　　　▲ 圖 4–67

要 點

連環腿主要是連環二字，當我兩手控制敵兩臂後，則

▲ 圖 4-68

▲ 圖 4-69

主動在我，我用推、打、踢任何動作都可擊敵，我用連環腿法，則是用腿連續勾絆對方之腿。勾踢可以是假動作，掃絆是真用法。在實戰中，一般勾踢到位則可將對方踢倒，如補以掃絆，對方必倒無疑。連環腿掃絆，關鍵是一個快字，上下配合，聲東擊西，迫使對手顧此失彼。

第六路　提　手

將手上步向橫攔，抓住敵臂向斜，

提手上勢擊下齶，屈腕塌掌擊心間。

1. 預備式
左合手，同前（圖4-70）。

2. 左將手
同前（圖4-71、圖4-72）。

▲ 圖 4-70

▲ 圖 4-71

3. 斜飛式

右腳上一大步，屈膝前弓成右弓步。同時，左手變拳回收於腰間，右臂伸直掌心向上，臂外旋從左臂上向前再向右上橫攔斜飛（圖 4-73）。

▲ 圖 4-72

▲ 圖 4-73

4. 橫捋手

上體微向右轉，重心後移至左腿，右腳內收成虛步。同時，左手前伸回帶，右手反掌下按至胸前。目視前方（圖 4-74 正、圖 4-74 反）。

▲ 圖 4-74 正　　　　　　　　▲ 圖 4-74 反

5. 提　手

上動不停，右腳進步踏實，左腳跟進，兩膝微屈。同時，左手回收下按，右掌變勾手向前上勾擊（圖 4-75）。

6. 心窩按掌

上動不停，右腳前移半步，左腳隨之跟進半步。同時，右勾手變掌，掌指向上，掌心向前，直臂向前踏擊，力貫掌心（圖 4-76）。

▲ 圖 4-75　　　　　　　　▲ 圖 4-76

1.當我以左将手擒敵之左手後，迅速上步管控其左腳；同時，右臂向上橫攔其身，敵若不防，則必傾倒（圖4–77、圖4–78）。

2.彼若以右手攔截我臂，我則順勢翻握其腕，然後左手将其大臂，右手向右拉；同時，身體右轉，右腳回勾其左腳，他若不防，必傾跌（圖4–79）。

3.彼如未倒，無論其後撤與否，我以左手下按其臂，隨即進步，提手上擊其下頜（圖4–80）。

▲ 圖 4–77

▲ 圖 4–78

▲ 圖 4–79

▲ 圖 4–80

4. 再進一步，反手復掌塌擊其心窩處（圖 4–81、圖 4–82）。

▲ 圖 4–81   ▲ 圖 4–82

要點

提手式重在一個提字，捋手、斜飛式，均為提手鋪墊。提手若擊中下頜處，頓時可使敵人失去戰鬥力，因為突擊下頜，敵牙齒遭重擊後，耳膜會顫動，兩眼發黑，人瞬間可能失去知覺，此時再補心窩一擊，敵必受重傷。

第七路　倒栽蔥

歌訣

　　捋手上步掌按肩，並步下蹲順腿摟，
　　進步合力上下攻，管叫敵人倒栽蔥。

1. 預備式
右合手，同前（圖 4–83）。
2. 右捋手
同前（圖 4–84、圖 4–85）。

岳氏八翻手實用技法

▲ 圖 4–83

▲ 圖 4–84

3. 肩井按手

　　左腿向前一步，屈膝前弓，右腿蹬直，成左弓步式。
同時，左掌向前推出，掌指向上。目視前方（圖 4–86）。

▲ 圖 4–85

▲ 圖 4–86

4. 並步提腿

　　上動略停，右腳向左腳並步靠攏，兩腿屈膝半蹲。同
時，右手臂外旋，掌心向外向下插伸（圖 4–87 正、圖
4–87 反）。

▲ 圖 4-87 正　　　　　　　▲ 圖 4-87 反

5. 馬步分掌

　　左腳向前進步，兩腿屈蹲成馬步。同時，左掌從上向下推按，右手從下向上搬挑，使兩掌左下右上分開。目視右掌（圖 4-88 正、圖 4-88 反）。

▲ 圖 4-88 正　　　　　　　▲ 圖 4-88 反

應用法

　　1.捋手以擒敵右腕，使之不得逃脫（圖 4-89）。

　　2.上步按掌迫使對方失去重心，身體後仰（圖 4-90）。

▲ 圖 4–89　　　　　　　　▲ 圖 4–90

3. 此時我迅速並步下蹲，貼近對方，並鬆開右手，用右手反握對方小腿腕處，右手下按，左手上提，迫使對方抬腿後仰，失去平衡（圖4–91）。

4. 上動不停，左腳向前上步，佔據對方中心。同時，兩手左下右上合力發勁，對方必倒地（圖4–92）。

▲ 圖 4–91　　　　　　　　▲ 圖 4–92

要 點

本式要點是捋住對手後，上步推按、並步下蹲與提腿發放同時進行。右手向下提腿時，要沿對方右腿內側下

滑,捉住其小腿後,迅速上提,其重心必然後仰,此時我合力向下、向左轉體,其必應聲倒地。

第八路　擠　靠

起手鑽翻捋手先,近身扣腿抹臉面,
側身順勢捌敵臂,滾擠擲放顯神力。

1. 左捋手
同前(圖4-93～圖4-95)。

2. 抹眉掌
右腳上步,屈膝前弓,左腿蹬直,成右弓步式。同時,右掌向前弧形前抹,掌指向左,掌心向前(圖4-96)。

▲ 圖 4-93

▲ 圖 4-94

3. 橫捌手
左腳不動,右腳微內收,成右虛步式。同時,身體微

向右轉，右臂內旋，右手變拳，拳心向下置於胸腹前；左手握拳，屈肘外旋，向身前橫裹（圖 4–97 正、圖 4–97 反）。

▲ 圖 4–95

▲ 圖 4–96

▲ 圖 4–97 正

▲ 圖 4–97 反

4. 擠　靠

上動不停，左腳迅速向前上一步，右腳跟進半步，兩腿微屈。同時，左臂屈肘，向外滾擠，右手放在左腕處助

力前擠。目視前方（圖 4-98 正、圖 4-98 反）。

▲ 圖 4-98 正　　　　　　▲ 圖 4-98 反

應用法

1. 當左手捋握對方左手時，迅速上步扣住對方左腿，使之不得後撤，此時用左掌向前，抹擊其面部（圖 4-99、圖 4-100）。

▲ 圖 4-99　　　　　　▲ 圖 4-100

2. 若擊中其面可能仰跌；他若用左手上架我左掌，

我則反以左手刁拿其左腕，上體略向右轉，鬆開左手，向上橫 其右臂（圖4-101）。

3.此時對方必向後掙扎，我迅速上右步，右臂用力向前滾擠彼之右臂，將對方擊出（圖4-102）。

▲ 圖 4-101　　　　　　　▲ 圖 4-102

要 點

此時主要是練習滾擠手法。當我接近對方之時，用滾擠法，可將對手擊出而不傷其身。滾擠要點在於滾擠之小臂要向內旋，另一手輔之以力，兩臂合力，方能顯效。尤其攻其側後效果最好。

滾擠法，顧名思義是用小臂向上滾動旋轉，同時另一手加力推擠，使之既有向上的旋轉力，又有向前的推動力，才容易將對手擠擲出去。

5. 收　勢

⑴接上動，左腳外擺，身體左轉，右腳向左前方上一步，重心在兩腿之間。同時，兩臂向左右分開，高與頭

平。目視右掌（圖 4-103）。

▲ 圖 4-103

　　(2) 左腳向右腳並步靠攏，兩腿直立。兩掌變拳收攏
於腰間。目視左側（圖 4-104）。

　　(3) 兩臂垂直向下，兩拳變掌貼於身體兩側。目向前
平視（圖 4-105）。

▲ 圖 4-104

▲ 圖 4-105

收式時，立正站好，目向前平視，挺胸塌腰，收腹斂臀，精神抖擻。

第五章

下八路
動作圖解

第一節·動作名稱

第二節·動作圖解及應用

第一路　猴三抓

> **歌訣**
>
> 接手翻腕掌按心，左右連環貫耳膪，
>
> 猴子爬竿抓眉面，京章切擊肋遭殃。

1. 預備式

(1) 並步直立。頭正項直，兩臂自然下垂，兩肩放鬆，目視前方（圖 5–1）。

(2) 右合手。左腳向左跨一步，足尖內扣；右腳隨之向左略移，足尖虛點地面，兩腿微屈成右虛步式。同時，身體半面向右轉，左手在上，掌心向外，置於右肩前；右手在下，掌心斜向內，置於小腹前下。目視右前方（圖5-2）。

▲ 圖 5-1

▲ 圖 5-2

2. 接手按心掌

(1) 右腳前進一步踏實，左腳跟進半步。同時，右手向前上舉，掌心向上，隨之翻掌向前按塌，掌指向上，掌心朝前，力達掌根；左手略抬起，置於胸前。目視右手，（圖 5-3、圖 5-4）。

▲ 圖 5-3

▲ 圖 5-4

（2）上動不停，右手不動，重心前移至右腳。同時，左手向左向前向右貫擊，高與眉齊，掌心朝內，力達掌心（圖 5–5）。

（3）上動不停，左腳向前上步，重心移至右腳，右腳跟微提起。同時，左手自然下落，右手由下向右再向前、向左貫擊，掌心向內，掌指向前，高與眉齊。目視右掌（圖 5–6）。

▲ 圖 5–5　　　　　　　▲ 圖 5–6

3. 猴三抓

（1）接上動，右腳向前上一步。右手在身前下落；同時，左手直掌，掌心向下，向前上撲擊（圖 5–7）。

（2）上動不停，左腳向前上一步。左手在身前下落；同時，左手回收至腹前，右掌經左掌背上向前撲擊（圖 5–8）。

（3）上動不停，右腿屈膝前提，右腳順勢向前墊步。同時，右手回撤於右腹前，左掌再向前上撲擊（圖 5–9）。

（4）上動不停，右腳向前踩地踏實，兩腿微屈略蹲。同時，左掌下放於身前，右掌直臂向前推擊（圖 5–10）。

▲ 圖 5–7

▲ 圖 5–8

▲ 圖 5–9

▲ 圖 5–10

4. 進步雙切掌

上動略停，左腳向前上方踏實，右腳跟進半步，兩腿微屈。同時，兩手向上、向外再向身前劃弧，掌心向上，掌指向前，同時用力向前合擊，力達兩掌外沿。目視前方（圖 5–11）。

▲ 圖 5–11

要 點

下八路與上中八路不同，基本上沒有捋手動作，在運動中接招、用招。與對方接手，動作連續不停，以迅雷不及掩耳之勢，勢如破竹，勇猛向前。這就需要手、眼、身、法、步上下協調配合，靈活多變。

應用法

1. 與對方接手時，手心向上，只要對方手臂稍加用力前頂，我則藉機快速翻腕以右手掌根塌擊對方胸部，一般百發百中（圖5–12、圖5–13）。

▲ 圖 5–12

▲ 圖 5–13

▲ 圖 5–14

▲ 圖 5–15

2.若對方退避，我則迅速進步，連續以左右貫耳掌橫擊對方兩耳（圖5-14、圖5-15）。

3.敵左右招架之際，我則變招，以右臂直掌向前搓擊，對方必然自顧不暇，此時我可抬膝頂擊敵襠部，繼之以雙手切擊敵人兩肋，敵必重創（圖5-16～圖5-19）。

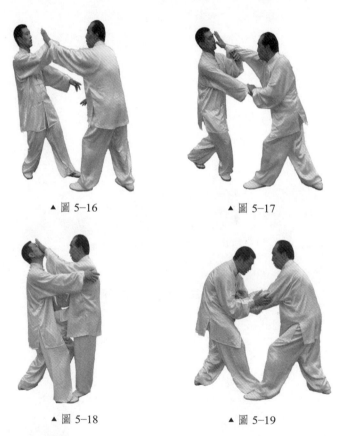

▲ 圖 5-16　　　　　　　▲ 圖 5-17

▲ 圖 5-18　　　　　　　▲ 圖 5-19

要 點

此式第一手「接手按心掌」是一個驗招，如有功力，可一招制敵。中間賞耳掌，搓掌是輔手，用之可使敵人目

不暇接；最後的雙切掌是狠招，如擊中要害，可一擊制勝，在平時訓練中慎用之。

第二路　烏龍入洞

接手刁拿牽敵臂，上托下拉制敵肘，
抬腿一個踩子腳，踢頭踢腰踢膝蓋。

1. 左預備式

左合手（圖5–20）。

2. 歇步上托手

(1) 左腳向前進步踏實。同時，左手向前上舉伸（圖5–21）。

(2) 身體向左轉體約90度，兩腿屈膝下蹲成歇步。同時，左臂內旋，手心翻轉向下，屈臂於肩前；右手由下向前上仰掌上托，右臂微屈，高與肩平。目

▲ 圖5–20

視右手（圖5–22）。

▲ 圖5–21　　　　　▲ 圖5–22

⑶ 上動略停，兩臂不動。兩腿略起，左腿微屈站穩；同時，右腳從後向前蹬踹，力達腳心。目視右腳（圖 5–23）。

⑷ 上動不停，右腳向右前方落地踏實，兩腿微屈成半弓步。同時，左手變拳向前平拳衝擊，力達拳面，右手置於左肩前。目視左拳（圖 5–24）。

▲ 圖 5–23

▲ 圖 5–24

應用法

1. 設對方以右拳向我頭部打來，我則以右手向前格擋，並反拿其手腕（圖 5–25）。

▲ 圖 5–25

▲ 圖 5–26

2. 此時迅速向右轉體，伸左手上托其肘關節處，兩手合力上下擒拿其臂（圖 5-26）。

3. 敵臂被擒，則難以還手，此時我以左腳迅速蹬踹對方胸肋處，敵必受創（圖 5-27、圖 5-28）。

▲ 圖 5-27　　　　　　　　▲ 圖 5-28

（要　點）

右手擒住敵手腕處要握緊並向下向懷中拉帶，左手上托與右手下拉要上下配合，形成合力；如用力過大，則可將對方的肘部骨折或挫傷其筋骨。左腳蹬踹要快、準、狠。

第三路　倒口袋

（歌　訣）

　　轉體換把身要快，蹲身下潛臂穿襠，

　　扛起敵身往後拋，吭噹一聲倒口袋。

1. 預備式

右合手，同前（圖 5-29）。

岳氏八翻手 實｜用｜技｜法

▲ 圖 5–29

▲ 圖 5–30

2. 換手轉身

　　⑴ 右腳向前，進步踏實。同時，右手直臂向前上伸出（圖 5–30）。

　　⑵ 左腳向前上一步，與右腳平行。同時，左手上舉，右手下落（圖 5–31）。

　　⑶ 上動不停，身體向右後轉身約 180 度；同時，右腳向右倒插步。兩手不動（圖 5–32）。

▲ 圖 5–31

▲ 圖 5–32

(4)上動不停，兩腿屈膝下蹲成馬步。同時，右臂向下伸（圖 5–33）。

(5)上動不停，左腳向右腳靠攏半步（圖 5–34）。

▲ 圖 5–33

▲ 圖 5–34

(6)兩腿起立蹬直。同時，右手向上，左手向下用力抖動（圖 5–35）。

▲ 圖 5–35

要 點

換手轉身動作要快，連貫圓活；下蹲要深，起立時頭要上頂、腰要直，不可低頭貓腰。

應用法

1.設對方以右手向我頭部襲來，我則以右手上迎並輕握其手腕（圖 5–36）。

2.此時我快速上左步，兩腿調換步使身體右轉約 180 度，兩手握其手腕（圖 5–37）。

3.上動不停，鬆開右手，左手緊握其腕並向下拉；

岳氏八翻手 實用技法

同時，右腿插入其兩腿中間，屈膝下蹲；右臂上挑（圖5-38）。

　　4. 上動不停，我以左手用力下拉，右臂用力上挑；同時，兩腿用力挺膝站立，將對方扛起（圖5-39）。

　　5. 右臂繼續用力向左側上挑，則可將敵倒翻在地。

▲ 圖 5-36

▲ 圖 5-37

▲ 圖 5-38

▲ 圖 5-39

第四路　順手牽羊

接手劃弧鎖敵臂，上步摟頭搬葫蘆，

扭身一拳加一腳，上打頭顧下踢襠。

1. 預備式

右合手，同前（圖 5-40）。

2. 順手牽羊

⑴ 接手，方法同前（圖 5-41）。

▲ 圖 5-40

▲ 圖 5-41

　⑵ 摟帶，右手前舉，然後臂內旋回收，再向右、向前、向懷中劃一圓弧，以勾手勢置於右肩前（圖 5-42～圖 5-44）。

　⑶ 左腳向前上一步，兩腿屈蹲成馬步站穩。然後左手掌心向裡，從左向右在身前劃弧，置於左肩前（圖 5-45正、圖 5-45反）。

岳氏八翻手 實用技法

▲ 圖 5-42

▲ 圖 5-43

▲ 圖 5-44

▲ 圖 5-45 正

▲ 圖 5-45 反

⑷ 身體左轉成左弓步，左掌變拳收抱於腰側，右手握拳向前衝擊，拳心向下。目視右拳（圖5–46）。

⑸ 上動下停，左腿站穩，右腿屈膝前踢。同時，左拳向前衝擊，拳心向下。目視前方（圖5–47）。

▲ 圖5–46   ▲ 圖5–47

⑹ 右腳收回後撤成左弓步。左掌變拳收抱於腰側，右手握拳向前衝擊，拳心向下。目視右拳（圖5–48）。

⑺ 右腿向後落地，兩腿屈膝站穩。同時，左拳變掌，向前推出；右拳變掌，收於小腹前（圖5–49）。

▲ 圖5–48   ▲ 圖5–49

要　點

前手劃弧要連貫靈活，彈腿衝拳快速有力。

當對手以右拳向前打來，我則順勢摟手粘其手腕，向右側推送；對手必回抽，我左手繼續粘其手臂前推，當對方右手回屈時，我即乘勢拿其右手，向我胸前摟帶，同時右腿上步貼近對手，並且控其右肘，使用左手搬摟對方的臉頰，使對方頭向左側扭轉。這時對方在我控制之下，我左右手同時用力左轉，敵必栽跌，任我處置，這時我可用膝頂，拳擊，或摔，敵必受創（圖5–50～圖5–59）。

▲ 圖 5–50

▲ 圖 5–51

▲ 圖 5–52

▲ 圖 5–53

▲ 圖 5-54

▲ 圖 5-55

▲ 圖 5-56

▲ 圖 5-57

▲ 圖 5-58

▲ 圖 5-59

第五路　五毒手

歌　訣

　　上打天庭下打陰，太陽一擊頭昏暈，

　　京章擊中笑煞人，迎門一腿命歸陰。

1. 預備式

左合手式，同前（圖 5-60）。

2. 進步擊面

　　左腳向前進步踏實。同時，左手向前上反擊，掌心向內。目視左掌（圖 5-61）。

▲ 圖 5-60

▲ 圖 5-61

3. 撩陰掌

兩腳不動。左手從上向下向左側擊打（圖 5-62）。

4. 貫耳掌

　　上動不停，右腳上一步。同時，兩臂向兩側甩動（圖 5-63）。

▲ 圖 5–62   ▲ 圖 5–63

5. 迎門蹬腿

⑴ 腿不動。兩臂從兩側向前上合掌（圖 5–64）。

⑵ 右腿直立，左腿屈膝前提。兩臂向兩側平舉分掌（圖 5–65）。

⑶ 上動不停，左腿蹬直前踢，力達腳跟（圖 5–66）。

6. 推切掌

左腿向前踏實，然後右腳再上一步，兩腿成合步。同時，兩手向前下合擊，掌心向上，力達掌外沿（圖 5–67）。

▲ 圖 5–64   ▲ 圖 5–65

▲ 圖 5-66

▲ 圖 5-67

應用法

　　上打是虛招，敵人進攻，先以掌擊敵人面部，此招虛晃一下，反手即撩敵襠部，敵必躲閃。在敵收腹躲閃之時，我反手貫擊其頭部，在其招架上面之時，我再以撩陰腳或當胸一腳，再補一掌，無不中的。此招環環相扣，招招制敵，防不勝防，我須快打直進，勇往直前（圖 5-68～圖5-75）。

▲ 圖 5-68

▲ 圖 5-69

▲ 圖 5−70　　　　　　　　　▲ 圖 5−71

▲ 圖 5−72　　　　　　　　　▲ 圖 5−73

▲ 圖 5−74　　　　　　　　　▲ 圖 5−75

第六路　挎　攔

歌　訣

接手反腕掌搨胸，逮住敵肘懷裡攏，

順勢按住敵膝蓋，上推下搬敵必栽。

1. 預備式

右合手，方法同前（圖 5–76）。

2. 接手按掌

方法同前（圖 5–77、圖 5–78）。

▲ 圖 5–76　　　　　　　　▲ 圖 5–77

▲ 圖 5–78

3. 挎攔

（1）接上式，右手外旋使手心向上，然後屈肘向右側回拉；同時，左手向前下伸出。雙腿微屈略蹲。目視前方（圖 5-79、圖 5-80）。

▲ 圖 5-79　　　　　　　　　▲ 圖 5-80

（2）左腳上步，左腿屈膝前弓，右腿蹬直成左弓箭步式。同時，左手由下向懷中摟搬，右手立掌，掌心向外向前推擊（圖 5-81）。

▲ 圖 5-81

此式是一個摔法，動作要求連貫靈活，上下協調配
合，關鍵是摟帶要快，上推下搬要有合力，以腰腿發力，
身正步穩。

應用法

1. 接手以探對方虛實（圖 5-82）。

2. 如對方有頂勁，則迅速向前塌擊對方胸部（圖
5-83）。

▲ 圖 5-82　　　　　　　　　▲ 圖 5-83

3. 如對方避讓，伸出右手向前阻擊之時，我則迅速
用右手勾摟對方右大臂處，左手輔助推按，迅速向懷中摟
帶，對手自然將背轉向我身前（圖 5-84）。

4. 我迅速蹲身，右手推其肩背，左手搬摟其左膝關
節處，對手上下受力，必然傾倒（圖 5-85～圖 5-87）。

此招簡單實用，猝不及防，只要方法得當則立竿見
影。

▲ 圖 5-84

▲ 圖 5-85

▲ 圖 5-86

▲ 圖 5-87

第七路　摟　切

接手反掌按肩井，摟住敵頸前後擴，

上邊直臂切滾搓，乘勢掃拌即成功。

1. 預備式

右合手式，方法同前（圖 5-88）。

2. 接手抹脖

⑴右腳向前，進步踏實。同時，右手向前上伸出（圖
5-89）。

▲ 圖 5-88

▲ 圖 5-89

⑵右手回撤於腹前；同時，左手從右臂下前穿，掌
心向上。目視左掌（圖 5-90）。

⑶上動不停，左腳向前上一步。同時，左手回撤於
右胸前，右手向前伸插，掌心向內（圖 5-91）。

▲ 圖 5-90　　　　　　　　▲ 圖 5-91

3. 活步摟帶

上動不停，右手從前向懷中摟帶，停於右胯旁；左手順勢前伸，掌心向上。同時，右腿向前下勾踢，腳尖上撬（圖 5-92）。

4. 上步橫切勢

上動不停，右腿從前向右下掃絆，腳跟和小腿用力後撐。同時，右臂外旋使掌心向上，用力向前向下橫切（圖 5-93）。

▲ 圖 5-92　　　　　　　　▲ 圖 5-93

這是一組摟摔動作，動作須連貫，上下左右協調配合。

1. 右手前伸，誘 敵出手，然後用左手捉住敵手腕（圖 5-94）。

2. 騰出右手向前勾勒對方後脖頸（圖 5-95）。

3. 右手用力回摟敵脖，敵必前傾並向後掙脫（圖 5-96）。

▲ 圖 5-94

▲ 圖 5-95

▲ 圖 5-96

第五章｜下八路 動作圖解

163

4. 此時我迅速上右腿掃絆敵腿；同時，右臂外旋伸直，用力向前向下切擊對方肩頸處，上下合力，敵必倒地（圖5–97～圖5–99）。

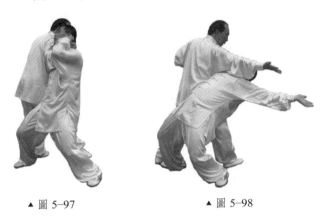

▲ 圖 5–97　　　　　　　▲ 圖 5–98

▲ 圖 5–99

【要　領】

此招是一個摔法。摟敵頸部，使敵不能站穩失衡，右切臂動作要狠，要有搓勁、滾切勁，力達大臂，迫使對方重心後仰失去重心；同時掃絆動作要與切臂上下呼應，一氣完成。

第八路　頂　襠

　　起手鑽翻抒手腕，上步撇面扣敵腳，

　　上捆下鉤向前進，頂襠貫耳掌擊胸。

　　先師留下真妙法，不是賢者勿輕傳。

1. 預備式

右合手同前（圖 5–100）。

2. 撲面掌

右腳向前進半步。右手向前上伸出，掌心向上（圖 5–101）。

▲ 圖 5–100　　　　　　　▲ 圖 5–101

3. 右抒手

上動不停，右手內旋，掌心翻轉向下抒拉。同時，身體下蹲成半馬步式（圖 5–102）。

4. 撇面掌

右腳外擺約 45 度，左腳向前上一大步。同時，右手握拳收回抱於腰側，左掌向前推擊，掌心向外（圖 5–103）。

▲ 圖 5-102　　　　　　　　　▲ 圖 5-103

5. 上步捆手

右腳向前上步，兩腿微屈，交叉站立。同時，雙手向兩側撐拉（圖 5-104）。

6. 提膝頂襠

⑴ 上動不停，左腿屈膝上提（圖 5-105）。

▲ 圖 5-104　　　　　　　　　▲ 圖 5-105

⑵ 兩手不動。左腳用力前蹬（圖 5-106）。

7. 貫耳切掌

左腳前落踏實，膝微屈。同時，兩掌從兩側向中間夾擊，掌心向上，力達掌根（圖 5-107）。

▲ 圖 5-106　　　　　　　　▲ 圖 5-107

將手時必須握牢其手腕，重心下壓，兩手擒住敵兩腕，必須用力向外拉、向前推，使敵臂交叉互壓，不能移動。屈膝提腿要高，動作要快，蹬腿要有力。

應用法

本式是一個捆手頂膝法。

1.將手時右手擒住對方右手腕，用左掌擊敵，敵必用左手上架格擋；倘若不架，則會傷（圖 5-108～圖5-110）。

▲ 圖 5-108　　　　　　　　▲ 圖 5-109

第五章　下八路 動作圖解

167

2. 我順勢以左手擒住敵左手腕，向左上拉扯。此時我雙手擒其雙手，使其兩臂不得動彈（圖5–111）。

▲ 圖 5–110

▲ 圖 5–111

3. 然後我兩手向兩側用力分扯，使敵兩臂自相交叉，不能反擊；隨之我右腿上步，提膝擊其小腹（圖5–112）。

4. 右腳前落進步；同時鬆開兩手，掌心向上，兩掌同時夾擊對方頭頸部位（圖5–113）。

5. 繼之兩臂內旋，將掌心翻轉向下，用力前擊對方胸部，可將其擊倒（圖5–114、圖5–115）。

▲ 圖 5–112

▲ 圖 5–113

岳氏八翻手 實|用|技|法

▲ 圖 5–114　　　　　　　▲ 圖 5–115

下八路與上、中八路不同，基本上沒有捋手動作，在運動中用招，與對方接手，動作連續不停，以迅雷不及掩耳之勢，這就需要手與腳上下配合，靈活多變，勢如破竹，勇猛向前。

8. 收 式

⑴接上動，右腳裡扣，身體左轉，重心在兩腿之間。同時，左手向左，兩臂左右分開，高與頭平。目視右掌（圖5–116）。

▲ 圖 5–116

(2) 左腳向右腳並步靠攏，兩腿直立。兩掌變拳收攏於腰間。目視左側（圖 5–117）。

(3) 兩臂垂直向下，兩拳變掌貼於身體兩側。目向前平視（圖 5–118）。

▲ 圖 5–117　　　　　　▲ 圖 5–118

要 點

收式時，立正站好，目向前平視，挺胸收腹，塌腰斂臀，精神抖擻。

附錄一

結　論

（王新午先生原稿）

余今約略編述此拳法既竟，例應為總括之言論，以結束之，唯賦性偏率，雅不欲浪費筆墨，徒快口悅耳。且深惡世之大言惑人者，以健身禦侮之技，縱為茶餘酒後之談，筆為喜笑怒罵之句，或爭門派，或競長雄，或挾神話以愚人，或騁文詞之淹博，窺其立意，不外射利求名而已。然其自私之過小，欺人之罪大。

　　吾人生當國術中興之世，圖矯其弊，而補救之，莫若以實際與理論，冶為一爐，腳踏實地，不尚空談。雖有班馬之筆，儀秦之口，第問其能否先行其言，而後從之，非然者，僅可以過眼浮雲視之。

　　蓋今有得一知半解，亦嘗執筆學為如此之文者矣，徒以考據詞藻相標榜，而於國術實際之精義，未曾夢見。吾人何貴，有此矗矗之論，超超之著哉？

　　余深惡之，余弗欲自蹈之。而是唯有即其已知，尚未敢信其能者，書其大略，而勉其所不知不能矣。願國術同志，多加意于實際應用之研究焉。

　　岳氏八翻手拳法，簡單明晰，最便演習。視為健身之方可，視為禦侮之具亦可。然人有疑其簡易，以繁複為喜者，蓋不知國術之應用，貴精而不在多。少則易用，多則難精。精一招一勁而名世者，不乏其人。況一招一勁精，而萬招萬勁咸具乎？

　　即此八路，其變化已屬無窮，精則足以致用。既精而後求多，所謂學然後知不足也。此拳各路，前已分析言之，今復總結而論，應注意行功之法如次。

　　行功者，演練拳式時應注意之要目，必如行功之、而

岳氏八翻手 實｜用｜技｜法

後有功也。此拳各路，捋手當先者有七。援手之法，前已言其重要。

演練之時，須存對敵之意，出手之高低尺寸，必含有與實際適符之把握。應沉著，毋輕脫。而手眼所至，全神注之。如鷹之搏兔，如貓之捕鼠。

用步之法，非有進無退。前、後、左、右、中，皆可變化移動。設敵靠身過近，則步須後移，而移動之尺寸，以適合捋制敵手之機為依歸。變化神速，指顧間事。左右之移動，莫不皆然。故演練時，更應存變化之意。則步之動作，富警覺性。但以拳式動作有則，固未可率意改變。

余因創為演習應用捋手，以合於實際之法。當演練拳式完畢，或另一時間，今學者分作兩隊，對面相向而立，間以適當之距離，施以口令。設甲隊為專用捋手者，乙隊為防範捋手者。甲存必捋之心，乙存必防之意。于時，隨其自然之進、退、左、右而為之，若相互比賽者然，唯不得參以其他手法，存互仇之念，此則練習實際應用捋手之一法，而同時兼可練步法之進退左右也。更迭為之，三數月之功，即有可自由應用而不失機者，其效不可謂不速矣。

此外各法，唯擊要害處之法，不可輕試。其餘亦編為演練實際應用法若干，動作繁複，學者可綜此意而為之，不必膠柱鼓瑟也。

唯演練實際應用，須先定有原則，原則若何，即就各路所包之法。或練鎖拿，或練捆、擠，因是類推，打法則示意而已。此原則之理，即以發展人身自由固有之良能，

而合於拳法之應用。久之，則各種招勁，均成自然，無意而皆意，不法而皆法。

如演練攻人之招，除依法進攻外，對於敵之來手，盡自然之能力防範之。演練防人之法，則依法防範敵之來手外，盡自然之力，有隙即進攻之。總期發揮天賦自然之良能，而合於拳法所包之招勁，其效甚速，自可成為特殊之能力。而適於對敵之應用，但學者每樂於如是之演練，間有致不演拳路姿勢者，此則大誤。

拳路之編創，包羅富有，能盡通之者，蔚為全才。吾人相互演練應用，不過為補助之法，得一而遺萬，則不可也。故所謂行功者，於演練姿勢而外，再求適當之補助，而以之實施應用耳。

大成之道，仍在姿勢。此拳演習姿勢，約分二期。初學，以極端開展，沉著有力為主。所以流通血脈，暢發筋肉，堅固骨骼也。行之不懈，則百病自消，有力如虎，身健膽壯，可以致用。此為一期。繼則姿勢漸求緊湊，含蓄內勁，剛而不發，手眼身步，活潑靈敏。拳中招勁，發雖無形，動則有意。意至之處，招勁隨之。一動一靜之微，其變化莫能察矣。

日進不息，如天之行健，積以歲月，其道大成，此為二期。能行純功者，一期二年，二期三年，約五載而有成。至其補助演練之法，隨時指導之宜，尤不可忽焉。

昔人有言，演習時，無人如有人，故演練時，應出其全力以赴之。意之所至，情態逼真。是以論國術之功行，不以學習之年數多寡為標準，盡視其能否用意及變動虛實

之合理與否為判斷。練姿勢之年數雖多，而不明用意者，謂之盲練。健身而外，別無功行之可言，則不問其年數若何，自明晰招勁，出手有物之日起，始可計其功行。余謂三年有成者，即指此也。

行功之道，必日有進步，斯為正軌。今日所不知，至明日而知之；今月所不能，至下月而能之；無間斷之時，無歧路之誤，則三年者，千餘日也，不為不多矣，其功行顧不巨哉。

此拳行功之順序與方法，既如前述。然求演練與應用相合，為意尚多，今更擇要言之。曰拳、曰掌、曰步，拳之形式，四指蜷緊，以大指捺食指之中節，平時如行路或獨坐時，即蜷拳如式，由漸而緊，而拳緊力盡，徐徐伸放，兩掌相合，往復摩擦，以活其筋骨血液，稍息片時，復如法蜷放。就個人時間之可能，每日預定為數小時之蜷放，初行此法，時間過久，則手指脹痛，動作不靈。唯以漸增加，至久成為習慣，而遂安之。雖執繡花針，作蠅頭字，亦不減其原日之靈妙也。

行此法時，蜷拳須平正，指甲須常剪，兩臂須伸舒鬆靜。勿求效過急，以成為習慣、不害其他工作為主。至於演練時，則更應依法為之也。

拳之應用，向前者，為擊面、擊心、擊襠三者，即玄關、中脘、下丹田三穴也，世稱死穴，擊重則死。擊面以立拳者，為撞勁，勁發自腰。

以拳關節名為反背捶者，為榨勁，為顛勁，勁發自肩臂。擊心之拳，為鑽勁，為點勁，為衝勁，為滾切勁，勁

發自全身，以身催臂，臂催拳，一發而莫遏。擊襠之拳，為栽勁，為插勁，勁發自脊。

凡此前擊之拳，貴沉著而忌太過。欲得機勢，宜求之腰腿。向左右應用之拳，上擊頭部者，用拳底橫摜兩鬢，為摜勁，為榨勁，勁發自腰脊。中擊腰脅者，為榨勁，勁發自肩背。中擊脘臂者，為截勁，為榨勁，務須全勢下擊。翻身向後用拳下壓敵臂者，為壓勁，為合勁，進則衝擊。

拳法實施應用，大抵如此。至各式變化，或挑、或格、或鉤、或攔，則腕膊之勁始於足。舉一反三，無待累述。

掌之形式與應用，挀手已詳述不計。在本拳法中，其勁名分之，約為撲勁、撇勁、摜勁、推按勁、擒拿勁、搬扣勁、發勁、挑勁、摟勁、摸勁等，其形式依應用而異。前于解釋拳路，已分見其功法原理。顧名思義，于演練時，順其應用，求而得之。

因本拳法用掌處，半主於撲、擊、擒、拿，半主於誆誘驚敵。如取勝致果，仍專恃用拳，故在各路中，掌法當屬虛招。此則與用掌制勝之國術，其立意原不同耳，非有所偏也。

再言步法。本拳法在應用上，貴於專精，而不恃多，此正短打法之獨到。各路之步法，共分五步。向前應用，為盤旋步，重在鉤扣敵腿。上用挀手，下制敵步，為打無不中之計。

近敵而後，即用衝步，前進後跟，所向披靡。翻身向

後，斂步當先，以退為進，後即是前。左右開步，意在逼敵，愈近愈穩，貴有把握。榨身疊步，此為正中。遇敵倉卒，變化在身，得勢即進，莫之敢攖。

此五步者，前、後、左、右、中、面面俱到，千變萬化，存乎其人，各種拳法，亦只五步而已，列名舉例，何貴乎多。五步之中，亦有進而無退，此步法之真義也。所尤要者，用步須要下勢，不問其為騎步、弓箭步、衝步、斂步，各種步式，為義則一。

拳法、掌法、步法之大略如此。其外指、腕、肩、臂、肘、胯、膝、足等之用，重在聯貫相合，各盡其妙。總之，發揮自然之本能，以就拳法，勿為拳法所囿者，為上乘，而其妙則在乎有意識之演練。凡我同志，發明而光大之，此余昕夕禱祝者矣。

附：
結 論 （新譯）

我編此拳法（上八翻）至此已經完成，按照慣例應當作一個總結，以結束之，只是因為本人天性偏於率直，不願浪費筆墨說漂亮話以逞口舌之快，何況我本來就十分厭惡世上說大話糊弄人的行為，把健身禦侮的絕技放縱為茶餘酒後的閒話內容。

寫一些毫不嚴肅的話：有的是搞門派之爭，有的是個人之間爭長短論雌雄，有的假借神乎其神的話愚弄世人，有的靠華麗的辭藻炫耀自己知識廣博。細細察看他們的立意，不過都是為了追名逐利而已。雖然他們自私的過錯不大，但是他們欺騙世人的罪過就大了。

我們生活在國術中興的時代，應該有計劃地矯正這些弊端，對他們犯下的過失進行補救。沒有比將理論與實際聯繫起來，並把它冶為一爐，腳踏實地，不尚空談的辦法更好了。無論是誰，即使他有班固和司馬遷的文筆，有張儀和蘇秦的口才，只需問他能否做到他說的那些話，然後再決定是否追隨他。不能做到的，就把他當作是過眼的雲煙來看待。

現在有些人，只有一知半解，就會拿起筆寫一些冠冕堂皇的文章，徒然地以考據些辭藻標榜自己，而對於國術真正的精妙含義，卻連夢都沒夢見過。這些人又憑什麼孜孜不倦地寫些洋洋灑灑、堂堂皇皇的巨著呢？

我對於這種現象深惡痛絕。我不願重蹈這些謬誤的覆

岳氏八翻手實用技法

轍，所以，只能將自己已經理解，卻還不敢確信自己完全能夠做的拳術精義，寫出一個大概來，勉勵那些還未理解更不能做到的人吧！願國術界志同道合的人多加留意於實際應用的研究。

岳氏八翻手拳法，簡單明瞭，最便於學習演練。把他當作是健身的方法也可以，看作是禦侮自衛的工具也行。不過，不少人懷疑它的簡單。他們總喜好拳路繁瑣複雜，卻不知道國術的應用，貴在精專而不在繁多。少了容易應用，多了就難於求精。精通一招一式而聞名於世的高人太多了。何況一招一式精通了，千招萬式也就皆通了，一招精，百招通。

就是這八路拳法，其中的變化已經是無窮無盡了，精通了就足以致用。等到精通以後再求多變，這就是學然後知不足的道理。此拳各路前面已經分析清楚了，現在再次總結、概括。應注意按順序進行功法的演練。

練功的人，在演練拳的招式時，應該注意的條目要點必須按照要求練習，才能出功夫。此拳各路，以将手當先的招式用意約占十分之七。援手（另一手）的方法，前面也已說了他的重要性。

演練時，必須心存對敵之意，出手的高低尺寸，必須要有與實戰相符合的把握，應該沉著，不能輕易脫手。而且手眼所到之處，要全神貫注，就好像蒼鷹抓兔子，又好像狸貓捕老鼠。

用步的方法，並不是只有進而沒有退。前、後、左、右、中都可以移動變化。假如敵人靠我身體太近，就應該

步法後移，而移動的尺寸大小，以適合捋制敵手的時機為關鍵。變化要神速，只在一瞬間。往左往右的移動，也都是這樣。因此在演練的時候，更應該心存變化之意。那麼，步伐的動作就更富有警覺性。

但需要注意的是，因為拳式動作都是有規律原則的，不用時不可隨意亂改變。

我遵循拳式原則創編了演練應用捋手，用來適應實戰要求。每當練完拳式以後（或者在其他時間情況下也可以），讓學習的人，面對面站立，間隔適當距離，發表口令，讓甲學員專練捋手拳法，乙學員專練防範捋手的拳法。甲心存必捋之心，乙心存必防之意。在這時候，要隨著自然的進退左右來演練，好像在互相比賽的樣子。只是不能夾雜其他的手法，也不能心存相互仇視的念頭。這就是練習實際應用捋手的方法之一。而這同時也可以練習步法的進退左右了。如此反覆練習，三幾個月的工夫，就有可以自由應用而不會失去先機的功力。這樣的成效不能算是不快了。

除此之外的各種技法，都是擊打要害的功法，不可以輕易試用。其餘的也都編為演練實用法若干，動作繁多複雜，學習的人可以綜合上面的方式去演練，不必拘泥教條而不會變通地去膠柱鼓瑟了。

只是在演練實際應用時，必須先定下原則。原則是什麼呢？就是各路拳法裡所包含的方法，或者練鎖拿，或者練捆擠，以此類推。打法則只能點到為止，示意而已。這個原則的宗旨就是以挖掘發揮個人自身本來就具備的良好

岳氏八翻手實用技法

的潛力能量，從而合乎法理的應用。練習久了，則各種招勁都習慣成自然，看似無意卻處處有意，好像沒有拳法卻處處都是拳法。

如果是演練進攻的招法，除了依照方法進攻外，對於敵人的來手也應竭盡自然能力進行防範。在演練防守的招法時，就要在依照功法要求防範敵人的來手外，竭盡自然能力尋找機會進攻他。總之，要發揮天賦自然的良性潛能，並且能符合拳法所包含的招勁。這樣的演練，收效是很快的。當然能練成特殊的能力，從而適合於對敵實戰的應用。不過，學拳的人常常只喜歡如是實用、功法的演練，導致不演練拳路姿勢的現象，這就大錯特錯了。

拳路的創編，包含了豐富的內容，能夠全部掌握精通的人，才能蔚然成為全才。我們互相演練應用，不過是一種輔助的方法。如果只得一點而導致遺漏更多，那是不行的。所以說，真正的練功，是指在首先演練好姿勢外，再求以適當的輔助練習，從而用它來實施到實用中去。能夠通往大成的道路和規律，仍然要在姿勢上下工夫。

此拳的演練姿勢，大約分為兩個階段。在初學初練時，要以大開大合、沉穩有力為主，這是為了使血脈流通，使筋腱順暢，使肌肉發達，使骨骼堅固的原理。只要能堅持不懈地練習，就能夠百病自消，人像虎豹一樣勇猛有力；只有具備了強健的體魄，才可以做到實際應用，這是第一階段。

繼續提高就要求姿勢越練越緊湊，含蓄內勁，剛而不發，手眼身法步，活潑靈敏，拳中招勁。發拳時，雖然看

似無形，其實一動就含有了很深的意了，意所到之處，招勁也隨之到了。一動一靜之間的微妙變化，從外表是看不出來的，每日不停地進步，就好像宇宙運行那樣不停不息。日積月累功夫就會大成，這是第二階段。

能行使精純功夫的人，第一階段用二年時間，第二階段用三年時間，大約五年就能有所成就。至於那些輔助演練的方法，應該在學習時隨時隨地指導為宜，千萬不能忽略。

古人曾經說過，演練學習時，沒有敵人應當和有敵人一樣。所以應在演練時全神貫注，全力以赴。意念到達的地方，神態一定逼真。因此，判斷一個人國術功夫道行的深淺，不能以他學習年頭的長短為標準，而應該看他是否能做到用意，以及虛實變動的是否合理為標準。

練習姿勢的時間雖然很長，卻不懂得用意的人，叫做瞎練。這種練法，除能健身外，並沒有功夫道行可言。不管練習姿勢年頭多少，只有從能做到明白清晰招勁，出手有物那天算起，才能開始計算功夫道行。我說三年有成的話就是這個意思。

行功的規律，必須每日都有進步才是走上了正軌。今天有不理解的到明天就明白了，這個月還不能做到的，到了下個月就能做到了。從來沒有間斷的日子，也沒有走彎路的耽誤，這三年也就是一千多個日日夜夜，時間不算不多了，而回顧功夫道行的長進豈不是很巨大的嗎？此拳行功練習的順序與方法和前面闡述的相同，可是想求得演練與應用相符合，用意卻還有很多。

下面選擇簡明扼要之處予以說明：分別是拳、掌、步。握拳的方式是：四指蜷緊，以大拇指按在食指的中節上，平時在走路或獨坐時，就握這個拳式。要從鬆開始，逐步加力，漸漸握緊，一直到拳緊到力量用盡，再慢慢鬆開伸展，然後把兩掌合在一起，往來反覆摩擦，以達到活絡氣血，滋養筋骨的目的。稍微休息一會兒，再用這個方法蜷緊放鬆，時間的長短，根據每個人的實際情況而定。只要時間允許，每天就預定為幾個小時的蜷放練習。剛開始練習這個功法時，時間練得太久了，手指就會又脹又痛，動作也不靈活了。

只有循序漸進，慢慢增加練習的時間次數，久而久之就成了習慣，也就適應了。這時即使拿上繡花針繡花，或拿毛筆去寫蠅頭小字，也絲毫不減過去的靈活巧妙。

行此功法時，蜷拳要平正，指甲要常剪，兩臂要舒展伸開，又鬆又靜。不能追求功效太急，以逐漸養成習慣，不影響日常工作為前提。至於演練時，就更應該依法去做了。

拳的應用，向前擊，就是擊打敵人的面部、心臟部位和襠部三個地方，也就是玄關、中脘、下丹田這三個穴位，歷來稱這是死穴。擊打過重可以致死。凡擊打面部使用立拳，用撞勁兒，勁從腰部發動。

用拳的關節命名叫做反背捶。用榨勁和顛勁，勁從肩臂發動。擊打心臟部位的拳，用鑽勁，用點勁，用衝勁，用滾切勁，勁從全身出發，以身催臂，再以臂催拳。一旦發勁就無法抵擋。擊打襠部的拳，用栽勁，用插勁，勁從

脊梁發出。

凡這些向前擊出的拳，可貴之處是要沉著，忌諱出拳太過。想要搶得先機優勢，最好的辦法是從腰腿上求得。向左右應用的拳法，擊打頭部時，用拳底橫摜兩鬢，用摜勁、榨勁，勁從腰脊處發動。中間擊打腰肋處時，用榨勁，勁從肩背處發動。擊打臂部、腕部時，用截勁，用榨勁，這裡務必用全身整體向下擊打。翻身向後用拳向下擊壓敵人的胳膊時用壓勁，用合勁。往前進就衝擊。

拳法的實施應用大致上就是這樣。至於各拳式的變化，或者上挑，或者橫格，或者鉤提，或者攔截，臂膊至手腕的勁都是從足部發動的。按照舉一反三的道理，就不需要多講了。

掌法的形式與應用，在前邊挎手章節裡已詳細闡明，不再重複了。在本拳法中，發力的勁名大約分別是：撲勁、撇勁、摜勁、推按勁、擒拿勁、扳扣勁、發勁、挑勁、摟勁、摸勁等等。

用哪種勁要依據實戰應用的需要而決定。在前拳路的闡述中，已分辨清各功法的原理，在演練時，遵循實戰應用的原理，細細揣摩，以達到領悟其中的內涵。因為本拳法中用掌的地方，一半用意主要側重於撲、擊、擒拿，另一半用意主要在於誆騙引誘、驚嚇敵人。如果想取得決勝的效果，仍然要依靠使用拳法。

所以，總的來說，在各路拳法中，掌法還是屬於虛招。這就是與專靠用掌制勝的國術相比較，在立意上是不同的，並不是本拳有所偏失。

下面再說步法。本拳在實戰應用上，以專一、精悍為貴，而不是憑藉複雜的招法，這正是短打拳法的獨到之處。各路的步法，總共分為五步。向前應用時用盤旋步（扣步），注重在勾扣敵人的腿腳，上面使用将手，下面控制住敵人的步法，這是打無不中的盤算。

　　在接近敵人之時，就用衝步，前腿進後腿緊緊跟隨，所向無敵。翻轉身體向後運動時，斂步當先，以退為進，後就是前。左右開步，用意在逼近敵人，越近越穩，貴在有把握。轉身疊步，此為中正。倉促間遇敵，各種變化全在於自己身法的變換。一旦搶得先機優勢，就要立即進攻，這樣，就沒有人敢於觸犯你了。

　　這五步步法：前、後、左、右、中，面面俱到，千變萬化都在於人的應用中。各種拳法也只需要這五步就足夠了。想想世上那些著名拳法實例，何嘗有以步法繁多為貴的呢？在五步當中，也偶然有進而無退的情況。這是步法的真實精義。特別緊要的訣竅是用步法時務必要下勢，不管是用馬步，還是用弓箭步、進步、斂步，各種步法，都要遵循這一原則。

　　拳法、掌法、步法的要旨，大致就是這些。此外，指、腕、肘、臂、胯、膝、足等的應用，重在連貫相合，各盡其妙。總之，能發揮人的自然的本能潛力來練習拳法，不被拳法所限制束縛的人，才能練成上乘功夫。而其中的奧妙就在於心存有意識的演練。凡是與我志同道合，愛好武術的仁人志士，請你們將此拳法發揚光大，這是我早晚盼望，日夜祈禱祝願的啊！

附錄二

八翻手
歷代武術名家

劉仕俊小傳

劉仕俊（1840—1910），河北省雄縣人，為鷹爪拳創始人。自幼酷愛練武，後拜少林法成和尚為師。入寺三年，向其學岳氏連拳（後名鷹爪連拳）、三步槍、五步槍、纏槍、串槍、鷁子槍、五路大槍等；又向道濟和尚（法成的師兄）學習鷹爪擒拿術。劉仕俊隨法成和尚苦練武功，深悟其拳藝之精奧，並以畢生精力鑽研拳藝，將岳氏連拳和鷹爪功，融合成鷹爪拳，傳藝授徒，威震四方，被人譽為「雄縣劉」。

劉仕俊在京城護軍營擔任教官期間，授徒眾多，其侄子劉成友為眾多徒弟中的佼佼者，劉德寬（字敬遠）、紀子修等人均得先生真傳。後紀子修將八翻手傳與王新午，王新午在山西、陝西等地廣授門徒，郝學儒、申子榮、馬野居……張希貴等名人弟子輩出。

劉德寬小傳

劉德寬（1826—1911），字敬遠，河北滄州人。自幼習武，精六合拳法，尤善大槍，被譽為「大槍劉」。其先後從師於劉奇蘭、郭雲深、楊露禪，後拜在八卦宗師董海川門下，聲譽更隆，與尹福、馬維祺、史紀棟、程庭華、宋長榮、宋永祥、劉鳳春等世稱「八卦八大弟子」。劉德寬成名較早，帶藝投師，以保鏢為生，走南闖北，見多識

岳氏八翻手實用技法

廣，無通常武人的門戶之見，不僅博採眾長，取長補短，又勇於創新。他與程庭華、李存義等結盟，宣導八卦、形意、太極三門互相交流，互授弟子，故其所傳八卦掌動靜、開合之間有自身鮮明特點，稱為「劉式八卦」。

流傳至今主要八卦套路有：直趟六十四手、七十二招、擒拿、岳氏連拳、散手、六趟戟法、八趟槍法及黑白鵰子槍、鏈子錘、鉤鐮劍、六合刀、八卦紫金刀、青龍刀、形意八卦掌、八卦太極拳、八卦功法等。

劉式八卦主要傳人有趙鑫洲、高文成、郭古民等。岳氏連拳一脈歷代主要傳人有劉恩綬、王新午、郝學儒、申子榮、張希貴等。

紀子修小傳

紀德（1845—1922），字子修，姓吳札拉氏，滿洲正白旗人。紀子修自小喜歡武術，年少時學習彈腿及花拳。1865 年，紀子修入清廷護軍營當衛士，從師雄縣劉仕俊學習岳氏散手，功夫精到，武技大增，並得「雄縣劉」之槍法真傳。相傳紀子修跳躍如虎，臂能承車，故被譽為「鐵臂紀」。

1867 年，又師從楊露禪學習太極十三式，勤練不輟，將太極拳之綿柔與岳氏散手之剛整匯為一體，剛柔並濟，功夫更上一層。紀子修一生精研於武學，好學不倦，七十多歲時，仍拜年齡相近的宋書銘為師，學習「三十七」太極拳，可見其對武技的癡迷。

1916 年，紀子修與吳鑒泉、許禹生、劉恩綬、劉彩臣、姜殿臣、孫祿堂、楊少侯等人共組北京體育講習所（後改制為北京體育研究社），提倡研究國術，並與四方高手相互切磋拳技，一時蔚為風氣，從學者甚多，如王新午、陳泮嶺、張廣居、陳苣洲等人，都是北京體育研究社中出來的新一代武術名家。

紀子修除太極拳、岳氏散手之外，還精於形意、八卦等技，他將一身功夫全數傳授其弟子。可惜多數功夫精到者都先於紀子修過世，唯有幾名弟子得其拳術真傳，如王新午、陳泮嶺、張達泉、楊敞等。

王新午小傳

王新午（1901—1964），山西省汾陽縣（現汾陽市）人。從小習練武術、技擊，青年時拜北京許禹生、紀子修、吳鑒泉、劉殿升等練太極拳、岳氏八翻手拳法等，深得其要。王新午先生謙篤和易，以提倡武術為己任，艱苦不懈以至終生，徒眾遍及晉、秦。其技臻奧妙，變化多速，無不得心應手，為武林高手所欽佩。

1930 年，在太原創立國術操練場及山西國術促進會，三晉各派名師被邀集在國術促進會教拳傳技，參加習練者風起雲湧，盛極一時。

王新午先生撰寫出版有《岳氏八翻手》上八路、《太極拳闡宗》、《太極拳精要》、《太極拳實踐》等，對傳播武術起了很大作用。「七·七事變」後，親率「技術總隊」

抗日。後移居西安，傳功授技，徒眾甚多。著名的有劉玉明、郝學儒、申子榮、薄應遴、馬野居、梁春華、張安泰、李毓秀、李尚德等。對推動中華武術事業的發展作出了卓著的貢獻。

郝學儒小傳

郝學儒（1897—1967），山西省萬榮縣人，原太原市武術協會委員、著名武術家。

郝學儒先生出身于武術世家，從小學文練武，掌握了家傳的少林拳、械，後又拜王新午學練太極拳、八翻手等，功高藝絕。

1932 年，被聘為山西國術促進會教練，一生從事武術教授活動，數十年不輟。20 世紀 50 年代，歷任太原市南城區人民代表、政協委員。

1953 年，華北地區武術運動會上表演了「春秋大刀」「鞭杆」等項目，榮獲金牌。同年 10 月，參加全國民族形式體育表演大會，表演他創編的「大鐵鍬」，獲一等金質獎章，《人民日報》曾做了報導，並在中南海懷仁堂為黨中央和國家領導人表演。1960 年，山西省體委受國家體委委託，整理山西形意拳，由郝學儒執筆撰文和繪圖，整理出形意拳書稿，上送國家體委武術處。

郝學儒文武兼修，其書法和繪畫亦有一定造詣，為人所稱道。他有教無類，對學生不取分文，傳人甚多，僅在太原受其業者即達數千人，比較著名的有張希貴、張躍

倫、張振明、龐英、呂增祿、陳俊豪、趙國華、趙喆、王鎖柱、劉虎群等，為發展武術事業作出了卓著的貢獻。

申子榮小傳

申子榮（1903—1983)，祖籍山西祁縣申村，遷居平遙縣長壽村。從小就讀於私塾，熟讀四書五經，稟賦穎異，文采出眾。抗日戰爭時期，參加了薄一波領導的山西省犧牲救國同盟會，擔任文水等十縣特派員。新中國成立後任西安中醫研究所所長，被譽為「西安市四大名醫」之一。

先生自幼酷愛武術，隨著名鏢師王樹茂學藝。民國時期，考入南京中央國術館跟隨馬英圖學習八極、通臂、劈掛及劈刺等；曾隨上海佟忠義先生學習摔跤、擒拿等；拜全國著名武術家、山西汾陽人王新午學習太極拳、岳氏八翻手等。他特別注重拳法的研究及力學在拳法推手上的應用，尤以渾元一氣功（金鐘罩、鐵布衫硬氣功）最為獨到。1956 年，在北京舉辦的全國十二單位武術表演大會上獲太極拳最優獎。

先生一生對武術追求不懈，鍥而不捨，從不滿足。為此，他四處尋訪名家高手（在上海與徐致一為密友），與之交流切磋，並博取眾家之長，使自己的武技不斷豐富，推手更為精湛。特別是在西安，與師父王新午朝夕相伴數十年，為其養老送終，得其真傳。王新午先生的拳法拳理、推手散手，悉數傳與了他。

他雖集高超醫術和精湛武技於一身，卻為人謙和，善於處事，與師為朋，相敬如賓；與徒為友，親如父子。他常以自己總結的九字秘訣告誡同仁，即「頌師傅，捧徒弟，和平輩」，正因為他能夠如此，所以成為深受人們尊敬的武術家。

著名弟子有：山西張希貴、苗樹林、顧海平、張育人、郝國棟、郝國梁等，陝西馬振邦、徐毓茹等。

張希貴傳略

（鄭建平、張靜）

張希貴，漢族，1937 年生於山西省太原市尖草坪區柏板村。中國武術九段，國家級武術裁判。歷任山西省體工隊武術教練、總教練，山西省武術協會副主席，山西省形意拳研究會會長，山西省形意拳協會常務副主席兼秘書長，山西省體育總會委員。國家體育總局武術運動管理中心授予其當代「中華武林百傑」「新中國體育開拓者」「全國武術挖掘整理先進個人」「全國武術優秀裁判員」等榮譽稱號，是「中華渾元武術」創始人。是「傅山拳法」非物質文化遺產傳承人。

自幼拜名師郝學儒先生學練少林拳械、岳氏連拳八翻手及王新午太極拳等；後拜名師申子榮先生學習形意拳、岳氏連拳八翻手、渾元一氣功等內功心法；隨傅山拳法傳人葛書元、李思元先生學習傅山拳法，是山西傅山拳法非物質文化遺產傳承人；向武術名家沙國政學習八卦掌、通

背拳、形意拳、太極拳對練等拳械；又分別向各流派形意名家布學寬、趙永昌、李三元、李桂昌、楊吉生、王鴻、王繼武、何福生等學習形意拳；隨岳父楊隆柱學習綿掌、十手藝等。

博武修德，專一凝志，苦心研習武學。至今已 76 齡，仍不辭辛苦，著書立說，傳道授業。

青壯年時期，作為專業武術運動員為省隊爭光，作為專業武術教練，又為國家培養了大批優秀的武術人才。步入社團活動階段，他更是自強不息，再創輝煌。30 年如一日自籌資金組織策劃大型賽事活動，積極籌畫全省傳統武術活動的交流、培訓、研討等，積極推動了武術運動的發展和武術水準的提高。

在國際交流方面，他多次出訪日本、新加坡、馬爾他、羅馬尼亞、智利等國；培訓來訪的各國武術愛好者多人；分別與數十個國家和地區的武術愛好者進行交流、切磋，對中華武術的傳播、發揚作出了突出的貢獻。其事蹟載入《中國武術人名辭典》《中國民間名人錄》《當代武林英豪》《渾元武蹤藝德可風》《山西省形意拳協會成立三十周年紀念》及搏擊雜誌專輯 2012 年第 1、2 期等書。

一、步入武壇

1958 年，先生入選山西省體工隊，成為專業武術運動員。同年，代表山西省參加在北京舉行的全國武術交流比賽大會，獲得二等獎。次年，代表山西省參加了中華人

岳氏八翻手實用技法

民共和國第一屆全運會武術比賽，所練槍術獲得好評。1962 年起擔任山西省體工隊教練兼運動員，1973 年，榮任山西省體工隊武術總教練。

1958—1980 年期間，是先生從事武術專業工作的鼎盛時期。這時期山西武術專業隊從無到有，從弱到強。從 20 世紀 60 年代的全國中下游水準，逐步躍居全國上游水準，名馨武壇。他勤勤懇懇紮根於武術訓練第一線，培養了大批的優秀運動員和武術專業人才。所培養的許多隊員被選為國家隊隊員，有四十多人次代表國家出國表演、比賽。這些成績的取得，與先生的努力付出分不開。

在此期間，先生向國內諸多武術名家、名師虛心學習，復承各派名師益友的薰陶，博採眾長，使其在長拳、短拳、形意拳、太極拳、八卦拳、散手、武術推手，以及各類武藝器械方面都有較高的造詣，尤其是他所練的鞭杆、形意拳、渾元太極拳、渾元散手拳等，更是令人稱絕。

先生任教練期間，在歷屆全國武術比賽中獲得的成績如下：

1964 年，帶隊參加在濟南舉辦的全國 19 個單位的武術比賽，運動員武元梅獲棍術第一名，劍術第二名，這是山西省武術比賽的首枚金牌。

1972 年，在濟南舉行的武術比賽中，隊員魏素英獲得規定拳第一名；隊員孫國棟、孟耿成被評為優秀運動員。

1974 年，參加西安舉辦的全國武術比賽，隊員鞏鐵

練獲棍術第一名；魏補全獲槍術第三名；李巧玲獲刀術第三名；魏素英獲劍術第二名；隊員賈慧卿獲槍術、劍術第一名和全能冠軍，這是山西省第一個全能金牌獲得者。

1975 年，中華人民共和國第三屆全國運動會武術比賽，隊員鞏鐵練獲得全國棍術冠軍，一鳴驚人，震撼武壇。

1976 年，在哈爾濱全國運動會武術表演賽上，山西武術隊獲團體前三名，隊員魏補全、魏素英、鞏鐵練、賈慧卿等被評為優秀武術運動員。

1977 年，在內蒙古臨河參加全國武術比賽，隊員鞏鐵練、魏補全獲前五名。

1978 年，在湖南湘潭參加全國武術比賽，山西省武術隊集體獲得一等功，受到省體委的獎勵。

1979 年，第四屆全國運動會武術比賽在石家莊舉行，隊員魏補全、鞏鐵練分別獲得預賽槍術第一名、棍術第五名的好成績。

1972 年到 1980 年期間，先生所帶隊員計有四十餘人次，隨中國武術團出訪亞、非、拉美等數十個國家和地區，為增進我國和各國人民之間的友誼，為中國武術走向世界作出了積極的貢獻。

二、挖掘整理

1982—1985 年，全國三年武術挖掘整理工作期間，先生時任山西省武術協會副主席、山西武術挖掘整理辦公室主任。在這期間，他組織人員走訪了山西各地，訪問老

拳師、武術傳人等，基本摸清了分佈在山西境內的 65 個拳種，搶救了一批瀕臨失傳的武術套路和功法，如「戴氏心意拳」「弓力拳」「三義拳」「傅拳」「信拳」「楊家拳」「八法拳」「同備拳」「敏涵拳」，等等。

20 世紀 80 年代前，山西省的主要拳種祁縣的「戴氏心意拳」、晉中的「弓力拳」「傅拳」及王新午太極拳法等，已瀕臨失傳，練習的人很少。經過挖掘整理以後，先生又在省武術比賽中給予單獨立項參賽，使這些拳種又逐步地發展起來，有些拳種甚至被列入世界非物質文化遺產名錄，這是有口皆碑，功德無量的事實，必將載入史冊。

如今戴氏心意拳練習者眾多，在祁縣和晉中等地都成立了「戴氏心意拳協會」，使這項古老的拳種又煥發出勃勃生機。

經過三年的武術挖掘整理工作，先生與同事共同編輯出版了 60 萬字的《山西武術拳械錄》，錄製了 25.5 小時的老拳師錄影帶，整理出了三千多個武術套路。山西省獲得「全國武術挖掘整理工作先進集體」；先生獲「全國武術挖掘整理工作先進個人」稱號。

三、弘揚形意

1981 年，為貫徹國家體委精神，依照省體委、體育總會的指示，成立了山西省形意拳研究會（後改為山西省形意拳協會）。時為山西省武術協會副主席的張希貴先生作為創始人，被選舉為該會會長。三十年來，他任勞任怨，一門心思地撲進了民間傳統武術這一領域，默默地作

著新的貢獻。

30 年來，據不完全統計，先生共組織籌畫了 28 屆山西省傳統武術錦標賽，其中包括 7 次全國傳統武術及形意拳邀請賽；2 次國際傳統武術及形意拳邀請賽；20 次散打擂臺錦標賽；5 次武術推手擂臺賽等。這些賽事活動均自籌資金，不花國家一分錢，積極推動了武術運動的發展和武術水準的提高。在這期間，他還積極組織、籌畫全省業餘傳統武術活動的交流、培訓、研討等活動，培訓學員和裁判數千人次，這在全國都是鮮有其列的。

1989 年，山西天龍武館成立，作為創辦山西民間武術館校的開山鼻祖，先生出任首任名譽校長。

先生為全國武術運動的發展起到了積極的推動作用。1986 年，獲國家體委頒發的「新中國體育開拓者」稱號。鑒於先生對山西形意拳的特殊貢獻，在 2012 年慶祝山西省形意拳協會成立 30 周年表彰大會上，榮獲山西省體育總會頒發的「武術貢獻獎」。2013 年 1 月，先生作為中國形意拳的代表，又被評選為《中華武術》30 年最具武術影響力人物（傳統武術類），這是對他在中國武術界所作貢獻的再次高度肯定。

四、繼往開來

中國古來相傳之事物，以經歷事實取信於後世，故得源遠流長，久而不失。先生技術精湛，惟妙嫺熟，令其美譽遠播；而對武術事業的敬業精神，更為世人所稱讚。但凡得其授受者，均受益良多。

已出版的著作有《渾元散手拳》《渾元形意拳》《渾元鞭杆技擊法》《山西鞭杆技法精選》《山西武術名人名拳錄》《傅山拳法》《大悲拳》《禪門劍》；合著《山西武術拳械錄》等；參與錄製、出版發行《中國形意拳》（山西卷）錄影帶及光碟；出版發行《山西鞭杆》《八翻手》《武術推手》《散手拳》及《形意五行拳》等形意拳系列教學光碟 15 套。

1995～1996 年，歷時兩年，排除諸多干擾，主編出版了《山西武術名人名拳錄》，該書收集了山西四十多個拳種，古今武術人物 320 名，共計五十餘萬字，成為山西武術發展源流、功法、拳種研究之傑作。

1976 年，先生創編的《渾元形意拳 48 式》已經成型，教授的運動員參加全國比賽，而後又在山西省傳統武術競賽上亮相。經過三年的推廣，被確定為山西省形意拳規定競賽項目之一；1995 年略加修改，又被國家錄用，成為全國形意拳中級競賽套路。

1995 年 3 月，先生曾受邀中國武術協會參與創編並主筆國家形意拳規定競賽套路《中級拳》《高級拳》，參與創編《形意槍》《形意棍》。擔任副主編出版了《中國形意拳》一書，使形意拳走向規範化，為今後實行段位等級制邁出了重要的一步。

1995 年 5 月，先生主持了山西形意拳基本拳法「五行、十二形」研討工作，統一了山西省的形意拳基本拳法，並在裁判員培訓班上進行了推廣。主編出版了中國形意拳（山西卷）錄影帶在全國發行，影響深遠。

2006 年 6 月，先生為古拳譜《太極拳闡宗》（上、下）一書的出版，進行整理、增補並編寫了前言。

2003 年，先生將得到的申子榮老師「岳氏八翻手」的真傳，經過多年研究，並與眾多師兄弟及師友切磋總結交流，使其更臻完善；毫無保留地將申老所傳「岳氏八翻手」上、中、下八路錄製光碟，專業培訓，並將使用方法詳細講解，使「岳氏八翻手」在全國發揚光大，開花結果。這一大貢獻，功不可沒。

五、賽場雄姿

2005 年，時年 68 歲的張希貴先生為弘揚傳播中華武術，應邀代表中國武術協會參加在鄭州舉辦的「首屆國際傳統武術節」武術競賽，榮獲形意拳和鞭杆兩個項目的金牌。

2007 年，時年 70 歲，先生仍神采奕奕，老當益壯，作為中國傳統武術代表團形意拳代表人物，赴日本進行形意拳表演，獲日本武術界讚賞。先生 6 次參加香港國際武術節，擔任副總裁判長及仲裁主任等工作。

在國際交流方面，他多次出訪日本、新加坡、馬爾他、羅馬尼亞等國訪問表演，並培訓來訪的英、法等國武術愛好者多人，還分別與日本、新加坡、馬來西亞、智利、英國、美國、法國、義大利、德國、西班牙、古巴、瑞典、澳洲等國家和臺灣、香港的武術愛好者進行交流、切磋。

2006 年應邀赴南美洲智利傳播中華武術，舉辦武術

訓練班，將中華武術遠播南美諸國，對中華武術的傳播、發揚作出了突出的貢獻。

六、桃李芬芳

先生從事武術事業六十餘年，執著於武術，癡迷於武術，博採眾長，精研多門流派的武術精華，於 1990 年創立「中華渾元武術」一派，無愧為一代武術宗師。

「中華渾元武術」創立於新時代，遵於傳統門派的嚴謹，添加新時代的氣息，將傳統與現代融為一體，適應新時代的發展，必將成為武術門派中的冉冉新星。

多年來，眾弟子緊緊團結在先生門下，將「公、正、信、恒、誠、義、友、明、慧、謙」的十字訓精神作為行為準則，腳踏實地，勤勉敬業，使得「中華渾元武術」一派日益壯大。

如今該門派弟子傳人已一千餘人，其中武術教授 2人，副教授 8 人，各級武術教練 15 人，獲全國比賽金牌者 38 人，可稱謂拳師者 20 人以上。

眾多弟子都是武術領域的佼佼者，成為「中華渾元武術」的一大驕傲。正可謂「渾元武術承前啟後，中華武術後繼有人」。

先生出身平民，一生酷愛武術，如今名揚九州，譽滿三晉。正如 2012 年出版的先生 60 年從武大型畫冊中所寫道：「寄情書劍粹歲寒，磨礪魂魄六十載。得益多師成正道，鐵肩擔起一渾元。曾行海外揚國粹，競技武術奠基人。老驥伏櫪至千里，著書立說為承啟。」

傳承譜系：岳氏連拳八翻手相傳為岳飛所首創，因年代久遠無考。

岳飛（宋朝）

（以下有史料記載的）

↓

劉仕俊

↓

劉德寬　紀子修

↓

劉恩綬

↓

王新午

↓

郝學儒 申子榮

↓

張希貴

↓

喬永興	閭忠良	李德福	張西征	宿銀樓	買正虎	范國昌
張九功	龐福堂	劉金根	徐慶岐	金瑞江	田春生	王克軍
喬雲蓮	章學華	劉明太	董榮生	張　平	莊春光	任貴成
陳海山	郭曉山	徐興民	劉麗琴	安東尼	張　靜	陳發兵
李美榮	韓秀文	鄭建平	貫金路	姚寶珍	韓　磊	梁書平
陳國偉	曹　鑫	韓玉光	肖勇國	李瑞弘	王天順	張　鐵
劉憲軍	孟　杰	楊　鐘	曲世偉	劉維民	孫　緒	王　剛
崔泰山	杜來元	郝社杰	范彪良	張新生	萊拉珠	劉定一
張智錄	魏補全	王建築	馬　強	張高生	弓林枝	苗茂清
尹潤生	蔣繼忠	張紅梅	陳　朽	張　杰	阿　諾	

岳氏八翻手實用技法

後 記

　　近幾年來，傳統武術運動在國家體育總局武術運動管理中心的扶持和大力宣導下，得到了蓬勃發展。傳統武術書籍也如雨後春筍般大量出版，方興未艾。就「岳氏八翻手」而言，目前也有幾個版本面世，然由於前輩當時教學的條件與保守，學者的悟性高低程度，以致形成同學之間成績各有千秋，互有短長之別。隨著時間的推移，習練者體會不同，同一拳種也就產生了內容多與少、動作前後不一的情形，故物雖同源而不同形。王新午先生早期傳的八翻手中、下八路和後期傳的八翻手中、下八路現在有不同的版本，道理也在於此。

　　吾師申子榮先生曾伴隨師祖王新午前輩 30 年，朝夕研磨，深得其妙，八翻手內容的發展與昇華是在情理之中。今將吾師所傳岳氏連拳八翻手略加個人心得和盤托出，為後人研習提供新的資源，以饗讀者，以正視聽，是出版這本書的初衷。

　　本書有如下特點：

　　一、遵循古譜，又不拘泥于古譜。如原著王新午先生的結束語中，全面、系統地闡明了八翻手的拳理、拳法，內容非常重要，但因為古文難懂，故根據個人體會進行了譯解，如有不妥，請識者指正。

　　二、本書將八翻手歷來秘不外傳的中、下八路手法公開披露編入書中，其中多數拳法未曾面世，其用法精妙，

實用性很強，希望能引起武術愛好者的學習重視。

三、本書不單將八翻手神奇巧妙的技擊方法做了較詳盡的介紹，且將入門練習、每招每式的實用方法也介紹給讀者。習者可自行揣摩練習，融會貫通，這對研究人體的行為藝術、掌握散打格鬥技法，是一本很好的教材，讀者可無師自通。

本書在整理撰寫過程中，得到了武術界朋友們的支援和鼓勵，得到了武壇文學泰斗、九十高齡的中華武術資深編審昌滄老先生的指點；山東鄆城縣武協主席張平先生、河津武術名家買正虎、搏擊雜誌社主編張高生等人的支持與指導；尤其是鄭建平同仁協助整理、排版、演示等做了大量的工作；還有攝影、繪圖、校稿者，我在這裡一併表示衷心的感謝。

本書的出版，作者雖然做了許多努力，但由於水準有限，肯定存在不足處，祈同道給予批評指正。

彩色圖解太極武術

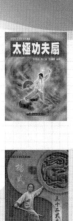

太極武術教學光碟

歡迎至本公司購買書籍

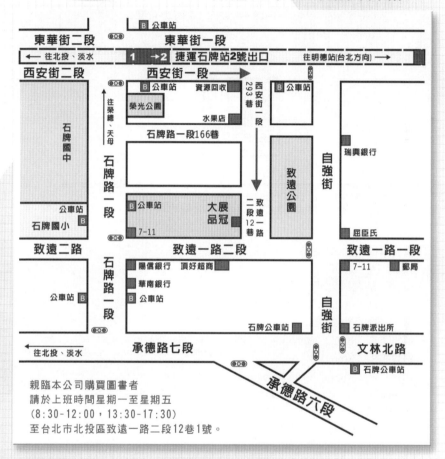

親臨本公司購買圖書者
請於上班時間星期一至星期五
(8：30-12：00，13：30-17：30)
至台北市北投區致遠一路二段12巷1號。

建議路線
 1.搭乘捷運
　　淡水信義線石牌站下車，由月台上二號出口出站，二號出口出站後靠右邊，沿著捷運高架往台北方向走(往明德站方向)，其街名為西安街，約80公尺後至西安街一段293巷進入(巷口有一公車站牌，站名為自強街口，勿超過紅綠燈)，再步行約200公尺可達本公司，本公司面對致遠公園。

 2.自行開車或騎車
　　由承德路接石牌路，看到陽信銀行右轉，此條即為致遠一路二段，在遇到自強街(紅綠燈)前的巷子左轉，即可看到本公司招牌。

國家圖書館出版品預行編目資料

岳氏八翻手實用技法 / 張希貴編著.
——初版，——臺北市，大展，
面；21公分—（武術特輯；127）
ISBN　978-986-346-196-8（平裝；附影音數位光碟）
1.拳術　2.中國

528.972　　　　　　　　　　　　　　106023304

岳氏八翻手實用技法 附DVD

編　　著／張希貴
責任編輯／王躍平
發 行 人／蔡森明
出 版 者／大展出版社有限公司
社　　址／臺北市北投區（石牌）致遠一路2段12巷1號
電　　話／（02）28236031，28236033，28233123
傳　　真／（02）28272069
郵政劃撥／01669551
網　　址／www.dah-jaan.com.tw
E-mail／service@dah-jaan.com.tw
登 記 證／局版臺業字第2171號
承 印 者／傳興印刷有限公司
裝　　訂／眾友企業公司
排 版 者／菩薩蠻數位文化有限公司
授 權 者／山西科學技術出版社
初版1刷／2018年（民107）2月

定價／350元